写给孩子的手绘

山海经

神话篇

张芳 主编

东北师范大学出版社

前言

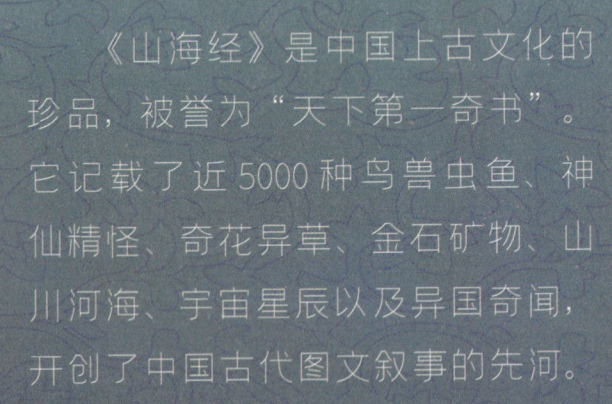

《山海经》是中国上古文化的珍品，被誉为"天下第一奇书"。它记载了近5000种鸟兽虫鱼、神仙精怪、奇花异草、金石矿物、山川河海、宇宙星辰以及异国奇闻，开创了中国古代图文叙事的先河。

由于《山海经》是一部古籍，孩子们理解起来并不容易，所以我们在原文的基础上，编写了这套《写给孩子的手绘山海经》。本套书包括鱼鸟、异人、神兽、神话四部分，选取《山海经》中的相关段落，对鱼鸟的特异功能和异人、异兽的外貌，以及涉及的神话故事等进行了详细描述。

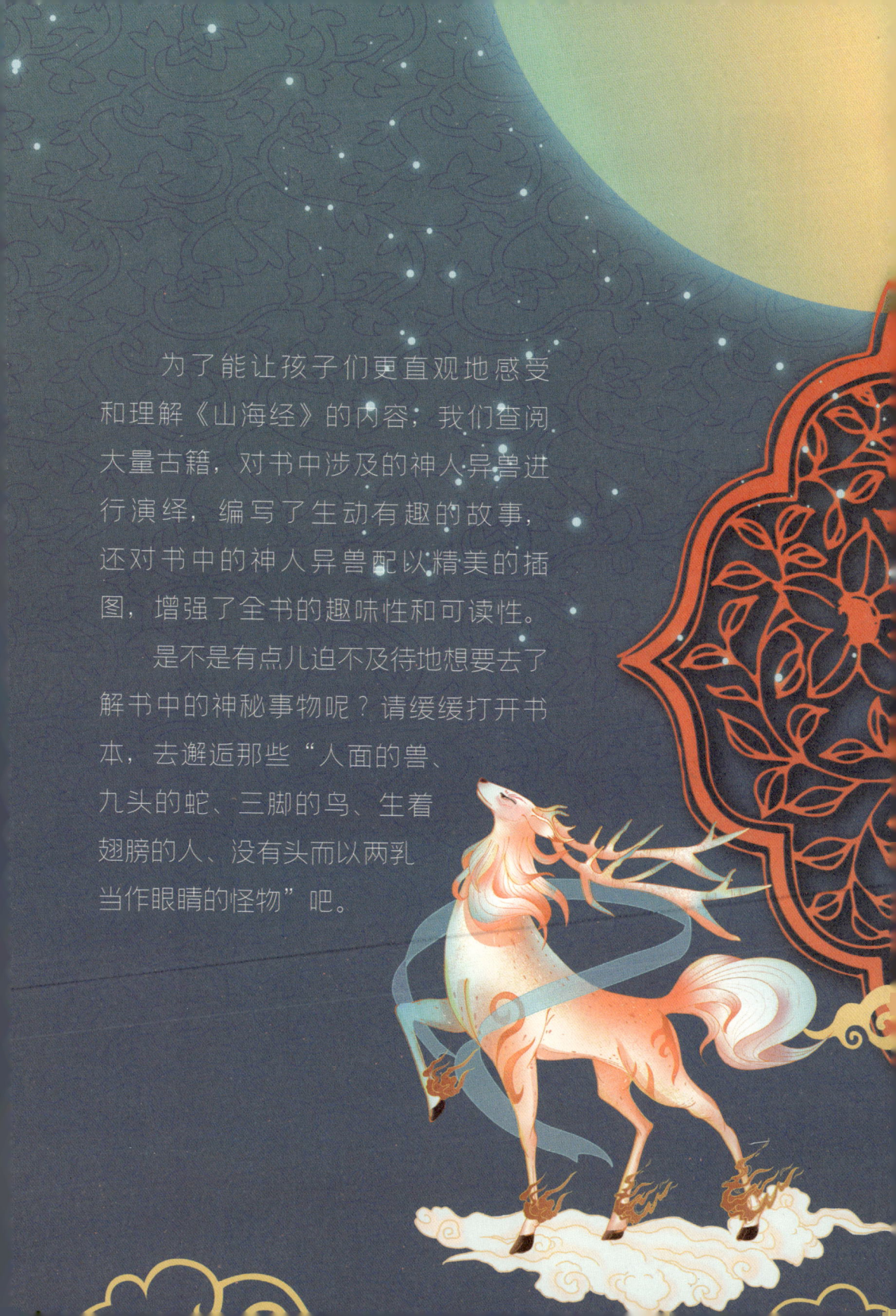

为了能让孩子们更直观地感受和理解《山海经》的内容，我们查阅大量古籍，对书中涉及的神人异兽进行演绎，编写了生动有趣的故事，还对书中的神人异兽配以精美的插图，增强了全书的趣味性和可读性。

是不是有点儿迫不及待地想要去了解书中的神秘事物呢？请缓缓打开书本，去邂逅那些"人面的兽、九头的蛇、三脚的鸟、生着翅膀的人、没有头而以两乳当作眼睛的怪物"吧。

目录

西山经

天神 2
白帝少昊 5
蓐收 8
西王母 11

北山经

精卫 14

中山经

武罗 17
泰逢 20
帝台 24
女尸 28
尧帝二女 31

海外南经

祸斗 35
凿齿 39
尧 42
姬昌 45
祝融 48

海外西经

启 51
刑天 53

海外北经

相柳 ………………………………… 56
夸父 ………………………………… 59
大禹 ………………………………… 62

海外东经

天吴 ………………………………… 65
句芒 ………………………………… 68
竖亥 ………………………………… 72

海内南经

丹朱 ………………………………… 75
帝舜 ………………………………… 78

海内西经

后稷 ………………………………… 81

海内东经

雷神 ………………………………… 84

海内北经

冰夷神 ……………………………… 86
神女 ………………………………… 89

大荒东经

颛顼 ………………………………… 93
龙伯 ………………………………… 96

中容 …………………………………… 98
帝俊 …………………………………… 101
女丑 …………………………………… 105
应龙 …………………………………… 109

大荒南经

因因乎 ………………………………… 111
羲和 …………………………………… 113

大荒西经

昆吾 …………………………………… 118
女娲 …………………………………… 120
太子长琴 ……………………………… 123
黄帝 …………………………………… 127
常羲 …………………………………… 130
鱼妇 …………………………………… 132

大荒北经

强良 …………………………………… 136

海内经

嫘祖 …………………………………… 139
素女 …………………………………… 142
鲧 ……………………………………… 145
番禺 …………………………………… 148
帝俊八子 ……………………………… 150

北山经

西北 北 东北
西 东
西南 南 东南

西山经 中山经 东山经

大荒

海内

南山经

海外

西山经

天神

有天神焉，其状如牛，而八足二首马尾，其音如勃皇①，见则其邑有兵。

译文

有天神住在山中，它的形貌像普通的牛，但却长着八只脚、两个脑袋并拖着一条马的尾巴，叫声如同人在吹奏乐器时薄膜发出的声音，天神在哪个地方出现哪里就有争端。

注释

①勃皇：人吹奏乐器时薄膜发出的声音。

带来争端的天神

风景秀美的霞江山下，有一个小小的村子，这里的人们过着宁静快乐的日子，从不起争端。谁也不知道，在山上有一个隐秘的山洞，山洞里住着一只名叫天神的

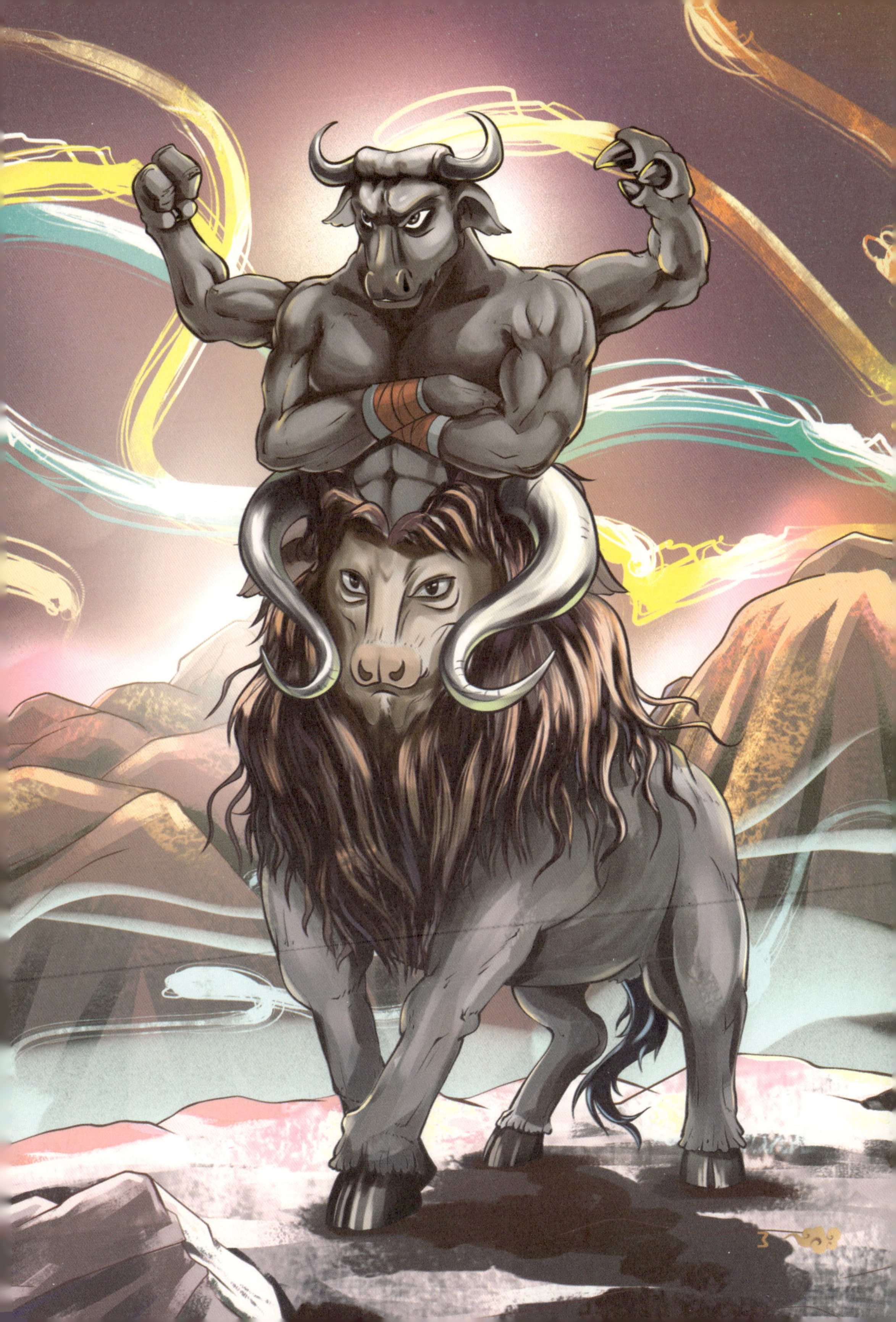

异兽。

　　天神长得像牛，却有八只脚和两个脑袋，尾巴像马儿一样。它的叫声也很古怪，而且这种声音有种可怕的魔力，人们听到就会变得暴躁。

　　因为天神喜欢打架，动不动就欺负弱小，所以山中的禽鸟、野兽都不愿意靠近它。天神只好独自住在山洞里。

　　有一天，天神因无聊而下山闲逛，随口哼哼的小曲引得路边的两个村民吵起架来。天神觉得有趣极了，忽然想到了一个解闷的办法。

　　天神跑到人群聚集的地方大喊大叫。听见天神叫声的人们瞬间变得暴躁起来，甚至大打出手。原本祥和的村子顿时变得混乱无比，而躲在一边的天神却看得拍手叫好。天神找到了乐趣，于是动不动就跑到人间以制造争端取乐，弄出了很多是非。

　　有一位善于观察的人发现了天神的存在。他召集了大家伙儿，说道："这只野兽叫天神，人听见它的声音就会变得暴躁，发生争执。这并不是我们大家的本意。"

　　人们恍然大悟："原来是这样。那我们怎样才能不被它的声音控制呢？"

　　大家你一言我一语，也没想出解决的办法。于是只好一见天神来了，就赶紧用棉花把耳朵堵起来，不去听它的声音。

　　可是天神无孔不入，还是在人间制造了很多争端。

西山经

白帝少昊

又西二百里,曰长留之山①,其神白帝少昊②居之。其兽皆文尾,其鸟皆文首。是多文玉石。实惟员神魂(wěi)氏③之宫。是神也,主司反景④。

译文

再向西二百里有座山,名叫长留山,此山的山神白帝少昊就居住在这里。山中的野兽尾巴上都有花纹,山中的鸟类脑袋上都有斑纹。山中还有很多带彩色花纹的玉石。这座山其实是员神魂氏的宫殿。这位神把太阳西沉时指向西方的影子反拨向东方。

注释

①长留之山:长留山,大致位于今青海省果洛藏族自治州玛多县境内。

②白帝少昊:古神话中五方天帝之一,相传是黄帝之子,是远古时羲和部落的后裔,为华夏部落联盟的首领,同时也是东夷族的首领。

③员神魂氏:一说指少昊;一说"员"即"圆",员神指日神。

④反景:指太阳西落时的山影。景,通"影"。

少昊之国

少昊出生那天，天上飞来了五只很漂亮的凤凰，它们羽毛的颜色各不相同，分别是红、黄、青、白、玄。

五色凤凰代表了凤凰中的五个品种，其中"五色而赤多者凤；黄多者鹓鶵；青多者鸾；紫多者鸳鸯，白多者鸿鹄"。

因为这五只凤凰的缘故，少昊从小就喜欢鸟儿，他还有个称呼叫作凤鸟氏。

作为黄帝的儿子，少昊从小就被黄帝寄予厚望，为了锻炼他，黄帝和嫘祖两个人商量之后，决定将少昊放到东夷部落去磨砺。但出乎黄帝意料的是，少昊在那儿做得相当不错，还成了当地凤鸿氏族长的女婿。

少昊在凤鸿氏族长的帮助下，很快便统一了东夷部落，他决定打造属于自己的王国。

于是，少昊便在今天山东曲阜这个地方，建立了一个极为特殊的国家。

在少昊登基的那一天，凤凰又来了。于是，少昊将归顺于自己的二十四个部落重新命名，以鸿鸟氏、凤鸟氏、玄鸟氏、青鸟氏之类的鸟名作为部落的新名字。

等到部落有模有样了，少昊就邀请自己的侄子颛顼，来协助自己掌管"少昊之国"。

7

西山经

蓐收

又西二百九十里，曰泑（yōu）山，神蓐（rù）收居①之。

译文

再向西二百九十里，有座泑山，天神蓐收就居住在这里。

注释

①居：居住。

严厉的刑罚之神

传说在古时候，有一个叫虢（guó）的小国，国君叫丑。丑不思政事，也不管百姓过得怎么样，只顾着自己享乐，过着奢侈的生活。

有天晚上，他梦见宗庙西边的台阶上站着一个人面虎爪、左耳朵上缠绕着蛇、手里拿着板斧的神，顿时被

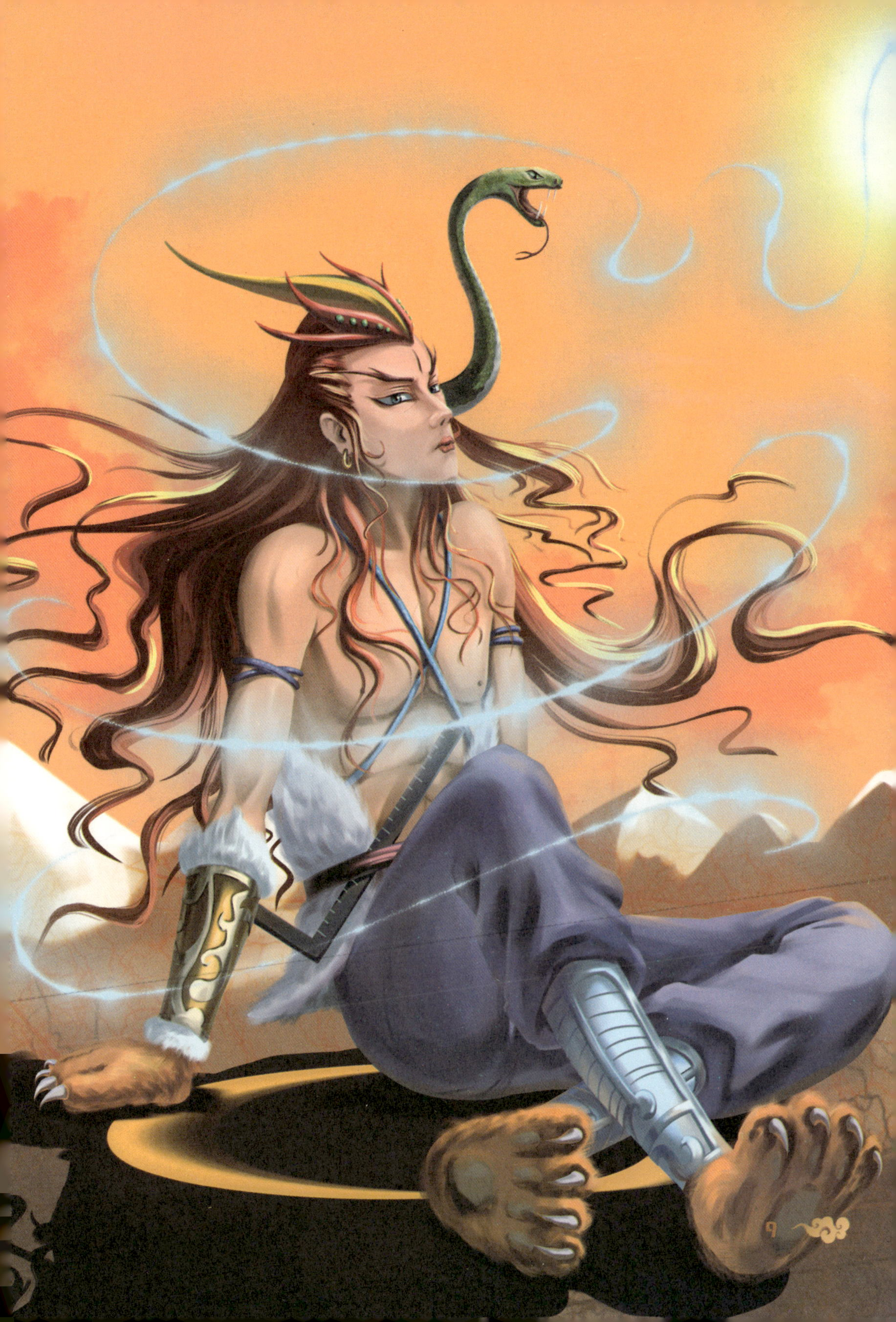

吓醒了。丑立刻召来太卜，让他占卜梦的凶吉。

太卜取出龟壳，念念有词地占卜一番后，说："此神名叫蓐收，是西方天帝少昊之子，居住在泑山，掌管着西方一万二千里的地界，也是掌管刑罚的神。"

丑不解道："那他为何出现在我的梦里？"

太卜说道："这是天帝对你施政不满意的警告啊。"

丑本想听吉祥话，没想到却听到这番话，顿时大怒，命人将太卜关进了监牢。

大夫舟之侨看到国君如此昏庸，便向家人说道："有这样的国君，国家很快就要灭亡了，不如就此离开。"

说罢，舟之侨就带领他的族人搬到晋国去了。而丑不以为意，还大摆宴席，继续过着骄奢淫逸的日子。

果然，没过几年，晋国出兵进攻虢国，虢国灭亡了。

西山经

西王母

又西三百五十里，曰玉山，是西王母所居也。西王母其状如人，豹尾虎齿而善①啸，蓬发戴胜②，是司天之厉及五残。

译文

再往西三百五十里，有座玉山，这是西王母居住的地方。西王母的样子与人一样，却长着豹子一样的尾巴和老虎一样的牙齿，而且喜好啸叫，蓬松的头发上戴着玉胜，是主管灾疫和刑杀的天神。

注释

①善：擅长。

②戴胜：有的学者认为是佩戴一种玉制的发饰，有的认为是戴着一种仪式性的鬼面具。

12

不死药的故事

西王母长着豹子的尾巴和老虎的牙齿，她住在昆仑山上，是掌管灾疫和刑杀的天神。

在昆仑山上有棵不死树，不死树上的果子可以炼成不死仙药，吃了就可以飞升成仙。四种神兽守护着不死树，而只有作为守护神的西王母才有资格赠送他人不死仙药。

有一段时间，天上出现了十个太阳，为祸人间，是神箭手后羿射下九个太阳，拯救了苍生。后来，后羿向西王母求药，西王母便赐给他一颗不死药。然而，后羿舍不得与妻子嫦娥分离，就将不死药交给嫦娥保管，夫妻俩仍过着恩爱的日子。

可不死药的秘密被后羿的一个弟子知道了。

有一天，趁着后羿出去打猎，这个弟子就来到房中，逼迫嫦娥交出不死药。危急之际，嫦娥吞下了不死药。随后她就觉得自己的身体飘了起来，向天上飞去。由于嫦娥不愿离开后羿，心里牵挂着他，便落到月亮上成了仙。

北山经

精卫

又北二百里，曰发鸠之山，其上多柘木①。有鸟焉，其状如乌，文首②、白喙、赤足，名曰精卫，其鸣自詨（xiào）。是炎帝之少女名曰女娃，女娃游于东海，溺而不返，故为精卫，常衔西山之木石，以堙（yīn）③于东海。漳水出焉，东流注于河。

神话篇

译文

再向北走二百里，有座山叫发鸠山，山上长了很多柘树。树林里有一种鸟，它的形貌像乌鸦，头上有花纹，长着白色的嘴和红色的脚，名叫精卫，它的叫声像在呼唤自己的名字。它其实是炎帝的小女儿，名叫女娃。有一次，女娃去东海游玩，溺水身亡，再也没有回来，所以化为精卫鸟，经常叼着西山上的树枝和石块，用来填塞东海。浊漳河就发源于发鸠山，向东流去，注入黄河。

注释

①柘木：柘树，桑树的一种。

②文首：头上有花纹。文，通"纹"，花纹。

③堙：填塞。

精卫填海

精卫填海是个家喻户晓的故事。

传说炎帝有个心爱的女儿，名叫女娃。女娃从小就十分聪明伶俐，活泼可爱，她很喜欢热闹，常常偷溜出去玩耍。

这天，女娃来到一片大海边上，见海水清凉，就下到海里游泳。正游得开心时，海上忽然掀起了狂风巨浪。海浪滔天，女娃还来不及挣扎，就被海水吞没了。

女娃不甘心自己就这样死去，她的魂灵变成了一只小鸟，这只小鸟像乌鸦一样大，长着花脑袋、白嘴巴和红脚爪，住在北方的发鸠山里。人们称它为"精卫"。

精卫想到可怕的大海淹死了自己，以后也有可能夺走其他人的生命，就发愿要将大海填平。

精卫不断地从西边的山里衔来小石头和小树枝，再飞很远的路来到海边，将小石头和小树枝丢进海里。

那一颗颗小石头被丢进辽阔的大海里，眨眼间就没了踪迹，大海没有受到丝毫影响。可精卫并不泄气，她无休止地往来于西山和东海之间，衔来小石头和小树枝投进大海。

中山经

武罗

魈（shén）①武罗司之，其状人面而豹文，小要②而白齿，而穿耳以鐻（qú）③，其鸣如鸣玉。

译文

山神武罗掌管着这里（指青要山），这个神有着人的面孔，身上长着豹的斑纹，有细腰和洁白的牙齿，耳朵上戴着金银做成的耳环，她说话的声音就像玉石彼此撞击的声音。

注释

①魈：一说指"神"，一说为号令百鬼的神仙。
②要：通"腰"。
③鐻：金银做成的耳环。

武罗姑娘

青要山是一座很高的山，据说它是天帝在凡间的住所之一，山神武罗掌管着这里。武罗是一位美丽的女神，

17

18

她的牙齿洁白，身上长有豹子一样的斑纹，发出的声音就像是玉石碰撞在一起，十分动听。

传说在远古时期，黄帝和炎帝在涿鹿一带与蚩尤大战，直杀得天昏地暗，尸横遍野，最后蚩尤战败被杀，可他还有弟兄七十二人，他们退至青要山一带，打算复仇。

青要山里的山民担心家园被毁，慌乱地商议着对策。这时，一位年轻勇敢的姑娘站了出来，她亲自去找黄帝，请求早日结束战争，使她的同胞们免遭劫难。

黄帝说道："那七十二人执意要报复，这战争该如何平息？"武罗说："只要你答应不杀战俘，我可以去收服那七十二人。"

黄帝答应了她的条件。当那七十二人再来叫战的时候，武罗姑娘就在青要山山顶祭出她的红罗纱练。这件法宝神通广大，柔顺善良的人遇到它能随风漫天飘游，而凶恶桀骜的人碰到它，则会失去力气，倒地不起。

只见红罗纱练飞舞之处，香风满天。黄帝的人马往来自如，而那七十二人则一个个瘫倒在地，束手就擒。黄帝信守诺言，没有杀死俘虏，而是把那七十二人全部交给武罗处置。武罗姑娘将俘虏安置在一个峡谷里，让他们安居下来，不准再作恶。

后来，天帝感念武罗姑娘的善良，就封她为青要山的山神。

中山经

泰逢

吉神泰逢司之，其状如人而虎尾，是好居于萯（fú）山①之阳，出入有光。泰逢神动天地气也。

译文

吉神泰逢主管这座山（和山），他的形貌像人却长着虎一样的尾巴，喜欢住在萯山的南面，出入时都有亮光。泰逢这位吉神能兴起风云。

注释

①萯山：一名东首阳山。在今河南巩义市北，黄河南岸。

幸运之神

传说，有一座神奇的高山叫作和山，山上没有花草树木，漫山遍野都是美丽的瑶玉、碧玉等宝石。和山盘旋回转了五层，有九条水流从山顶流下来，水中夹杂着很多青绿色的玉石，远远望去就好像九条青龙在山间蜿蜒。这九条水流就是黄河的源头。

一位名叫泰逢的神仙就住在这里，掌管着和山的一切生灵。

泰逢长什么样子呢？据见过他的人说，泰逢长得很像人，魁梧健壮，威风凛凛，背后还拖着一条长长的虎尾。

泰逢有着变幻莫测的法力，能够调动天地灵气，行云布雨。他每次出行时，全身上下都会环绕着七彩的光芒，让人眼花缭乱。

传说遇到泰逢就会有喜事发生，因此他也被人们称作"吉神"。

相传在春秋时期，晋王和著名乐师师旷一起到野外游玩，突然发现有一辆华丽的马车缓缓驶来。车上走下来一个人身虎尾的怪人，那人脸上红扑扑的，好像喝醉了酒一样。

22

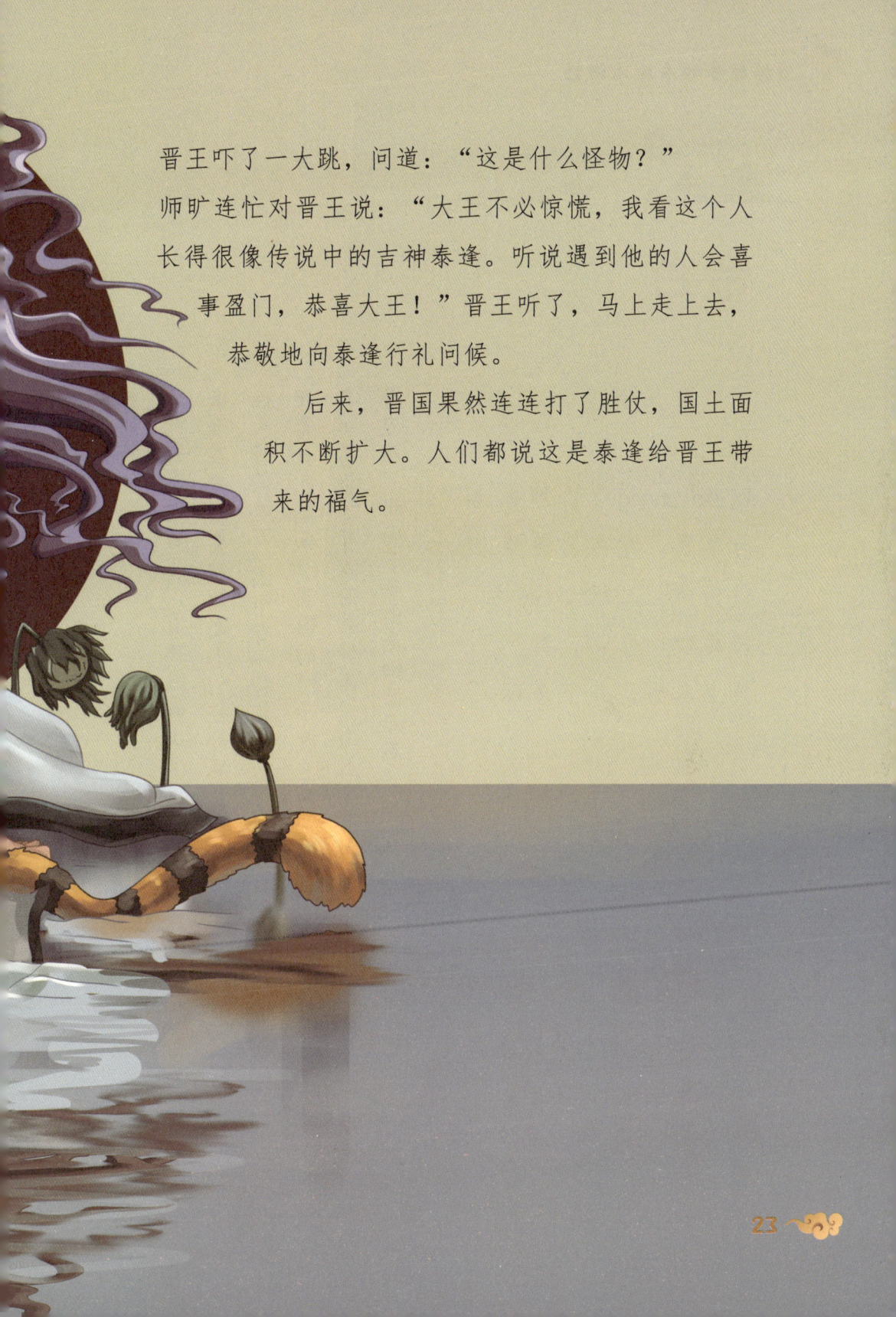

晋王吓了一大跳，问道："这是什么怪物？"

师旷连忙对晋王说："大王不必惊慌，我看这个人长得很像传说中的吉神泰逢。听说遇到他的人会喜事盈门，恭喜大王！"晋王听了，马上走上去，恭敬地向泰逢行礼问候。

后来，晋国果然连连打了胜仗，国土面积不断扩大。人们都说这是泰逢给晋王带来的福气。

中山经

帝台

东三百里，曰鼓钟之山，帝台之所以觞（shāng）①百神也。有草焉，方茎而黄华，员叶而三成②，其名曰焉酸，可以为毒③。其上多砺，其下多砥。

译文

往东三百里，有座鼓钟山，正是神仙帝台在此演奏钟鼓之乐、举行宴会招待诸位天神的地方。山中有一种草，方形的茎干开着黄色花朵，圆形的叶子重叠为三层，名叫焉酸，可以用来解毒。山上多出产粗磨刀石，而山下多出产细磨刀石。

注释

①觞：原指古代盛酒器。这里指设酒席宴会。
②成：重，层。
③为毒：除去毒性物质。为，治。

能解毒的仙人帝台

帝台活动的地方比较小，只是在中原一带的几座小山上，大概就在现在的河南省境内，他和吉神泰逢居住的地方比较接近。

在帝台的活动范围内有一座休与山，山上有一种五彩斑斓的石子，这些石子圆溜溜、光亮亮的，就像是鹌鹑蛋，被叫作"帝台之棋"。

相传，这些石子曾被帝台用来祷祀过各方的神灵，因而上面就沾上了灵气。如果它们被找到，并用来熬汤喝，人们就能免受妖魔鬼怪的蛊惑。

在那个鬼怪横行的时代，人类难免会受到它们的骚扰，有一部分人就被蛊惑了。然而，吃药后效果不明显，有些迷信的人甚至找来道士设坛施法。人们备感煎熬。

帝台知道这种情况后，决心挽救处于痛苦中的人们。于是，他就用这些美丽的石子祷祀了各方的神灵，希望神灵能保佑善良的人类，不要让鬼怪横行霸道。祷祀之后，这些石子就有了灵性。帝台把这些石子送给被蛊惑的人，他们喝了用石子熬的汤，病就好了，帝台也把它们送给正常人用来驱除鬼怪。帝台之棋的出现，帮人类减轻了痛苦。

距离休与山不远的地方，还有一座鼓钟山。善良的帝台曾经在这里敲钟击鼓，召集各方的神灵在这里聚会，商讨如何保护人类，使他们免受妖魔鬼怪之苦。

神灵们有这样的想法：鬼怪们不但数量很多，而且都有自己的护身之法，神灵们的数量又少，怎么保护得了人类呢。帝台听后，就劝大家说，如果神灵们都没有方法来保护人类，那人类自己的力量更加弱小，他们又怎么能保护得了自己呢。

帝台大宴宾客三天，众神灵也热烈地商议着，最终他们达成了协议：各自保护自己辖区里的人类，如果有需要就联合起来驱除鬼怪。

27

中山经

女尸

又东二百里，曰姑媱（yáo）之山。帝女死焉，其名曰女尸，化为䔄（yáo）草，其叶胥（xū）成①，其华黄，其实如菟丘②，服之媚于人③。

译文

再往东二百里，有座姑媱山，天帝的女儿就死在这座山上，她的名字叫女尸，死后化作了䔄草，这种草的叶子都是一层一层相互重叠的，花朵是黄色的，果实与菟丝子的果实相似，女子服用了能变得妩媚，讨人喜爱。

注释

①胥成：相互重叠。胥，相互，皆。成，重叠。

②菟丘：即菟丝子，一年生寄生草本植物，茎缠绕，黄色，纤细，无叶，种子可药用。

③媚于人：这里指女子以美色讨人欢心。媚，有意讨人喜欢。

巫山神女瑶姬

　　神女瑶姬是炎帝最宠爱的女儿，她长得美丽非凡，天真无邪，最喜欢到花园里玩耍。可惜瑶姬还未出嫁就生病去世了。瑶姬死后，魂魄化作了䔄草。女孩子吃下䔄草的果实，就会变得漂亮又讨人喜欢。

　　后来，天帝怜惜瑶姬的遭遇，就将她封为掌管巫山云雨的女神。每天清晨，她化作一片云飘荡在山谷上空；到了黄昏，她就化作暮雨，洒向人间，滋润万物。

　　瑶姬生性善良，最见不得人们受苦。住在山下的村民们但凡遇到难事，便供奉瓜果和鲜花，虔诚地向瑶姬祷告，瑶姬总会出手帮忙。

　　后来，大禹带领手下凿山挖渠，疏通河水。修到巫山脚下，一条河道却怎么也挖不通。河里还掀起滔天洪水，冲毁了周遭的田地。大禹找来村民打听，才知道这河里住了一只精怪，正是这只精怪施法使得工程无法展开。

　　村民出主意说："巫山神女有求必应，不如去求求她吧。"

　　大禹便向着巫山祝祷起来。没多久，天上飘起了小雨，瑶姬美丽的身影出现了。

　　瑶姬道："我教你三种法术，帮助你对付它。"

大禹用瑶姬教授的法术，果然打败了河中精怪。河道挖通后，人们再也不用担心洪水的侵扰，从此过上了幸福安定的日子。

中山经

尧帝二女

又东南一百二十里，曰洞庭之山①。其上多黄金，其下多银铁，其木多柤梨橘櫾，其草多葌、蘪芜②、芍药、芎䓖。帝之二女③居之，是常游于江渊。澧沅④之风，交潇湘⑤之渊，是在九江⑥之间，出入必以飘风暴雨。是多怪神，状如人而载⑦蛇，左右手操蛇。多怪鸟。

译文

再往东南一百二十里，有座洞庭山。山上多出产黄金，山下多出产银和铁，这里的树木以柤树、梨树、橘子树、柚子树居多，而草以兰草、蘪芜、芍药、芎䓖居多。尧的两个女儿住在这座山里，她俩常在长江的深渊中游玩。从澧水和沅水吹来的清风，交汇在幽清的湘江渊潭上，这里正是多条江水汇合的中心，她俩出入时都有旋风暴雨相伴随。洞庭山中住着很多怪神，形貌像人但身上绕着蛇，左右两只手也握着蛇。这里还有许多怪鸟。

32

注释

①洞庭之山：指君山，在今湖南岳阳西的洞庭湖中。与今江苏吴中西太湖中的洞庭山为同名异山。

②蘪芜：一种香草，可以入药。

③帝之二女：指传说中尧之二女娥皇、女英。两人都是舜的妻子，即屈原在《九歌》中所称的"湘君""湘夫人"。

④澧沅：注入洞庭湖的两条河流。澧水在今湖南西北部，源出桑植北。沅水在湖南西部，源出贵州斗篷山。

⑤潇湘：湘江与潇水的并称，今指湘江。

⑥九江：此指注入洞庭湖的沅、湘等数条河流。九代表多数，不一定是实指。

⑦载：这里是缠绕的意思。

湘妃的故事

娥皇和女英是尧的女儿，她们长得美丽非凡，感情也十分融洽，一刻也舍不得离开对方。尧帝到了晚年的时候，因为长子丹朱实在不堪重任，就选择大臣们推举的舜为继承人，并将自己的两个女儿娥皇、女英嫁给了舜。尧考验了舜三年，才将帝位禅让给他。

舜继位后，任用禹、龙、垂、益等贤人，将国家治理得非常兴盛。娥皇和女英作为舜的贤内助，在外也是舜的得力帮手，三人的日子过得十分和睦。

舜到了晚年的时候，经常去各地巡视，查看人们的生活情况。舜来到南方时，不幸病死在苍梧。这个噩耗很快传遍全国，百姓们都哀伤极了。

舜的两个妻子娥皇和女英知道后，悲痛欲绝，立刻坐船赶往南方。她们在奔丧的路上一直流泪，眼泪滴在一种竹子上面，竹子就布满了星星点点的泪痕，被人们称为"湘妃竹"。

就在娥皇和女英乘船过湘江时，江上忽然刮起风浪，两人不幸被淹死在湘江里。

娥皇和女英死后成了湘江的水神。据说湘江风平浪静的时候，说明两位女神心情很好；倘若江上狂风怒号，就说明她们又在怀念舜了。

海外南经

祸斗

厌火国①在其南，其为人兽身黑色，火出其口中。一曰在讙（huān）朱②东。

译文

厌火国在它的南边。那里的人都长着野兽一样的身子，浑身黑色，能从口中喷出火来。一说厌火国在讙朱国的东边。

注释

①厌火国：传说中的国名，因其国中之人能口中吐火，故名。

②讙朱：指讙头国。

祸斗的传说

从前在一个县里，有位小吏叫吴堪。他家住在荆溪边，他十分爱惜水源，常在门前用竹篱遮护溪水，不让它遭受污染，还常常站在溪边欣赏风景。

有一天，吴堪在水边捡到了一只大白螺，就带回家用水养了起来。第二天，他回到家时就闻到了饭菜的香味。只见屋子里被打扫得干干净净，桌上还摆着喷香的饭菜。

这种奇怪的现象持续了好多天。吴堪去询问邻居，邻居的母亲告诉他："你每天一出门，就有一位十七八岁的漂亮姑娘在你家里做饭、洗衣服。"

吴堪怀疑是白螺干的。他第二天假装出门，实际上躲在门后，从门缝里偷看，果然见到白螺变成了一个姑娘。

吴堪连忙推门进去拜谢："感谢仙子为我辛苦操劳，只是我怎么敢劳烦仙子呢？"

姑娘解释说："上天知道你爱护溪水，为人又勤快善良，就派我来为你操持家务。"

从此，白螺姑娘就和吴堪结为了夫妻，生活恩爱甜蜜。

县令听说了吴堪的经历后非常羡慕，就召来吴堪说："你去找虾蟆毛和鬼臂这两件东西，今晚就交来衙门，不然就要重罚你。"

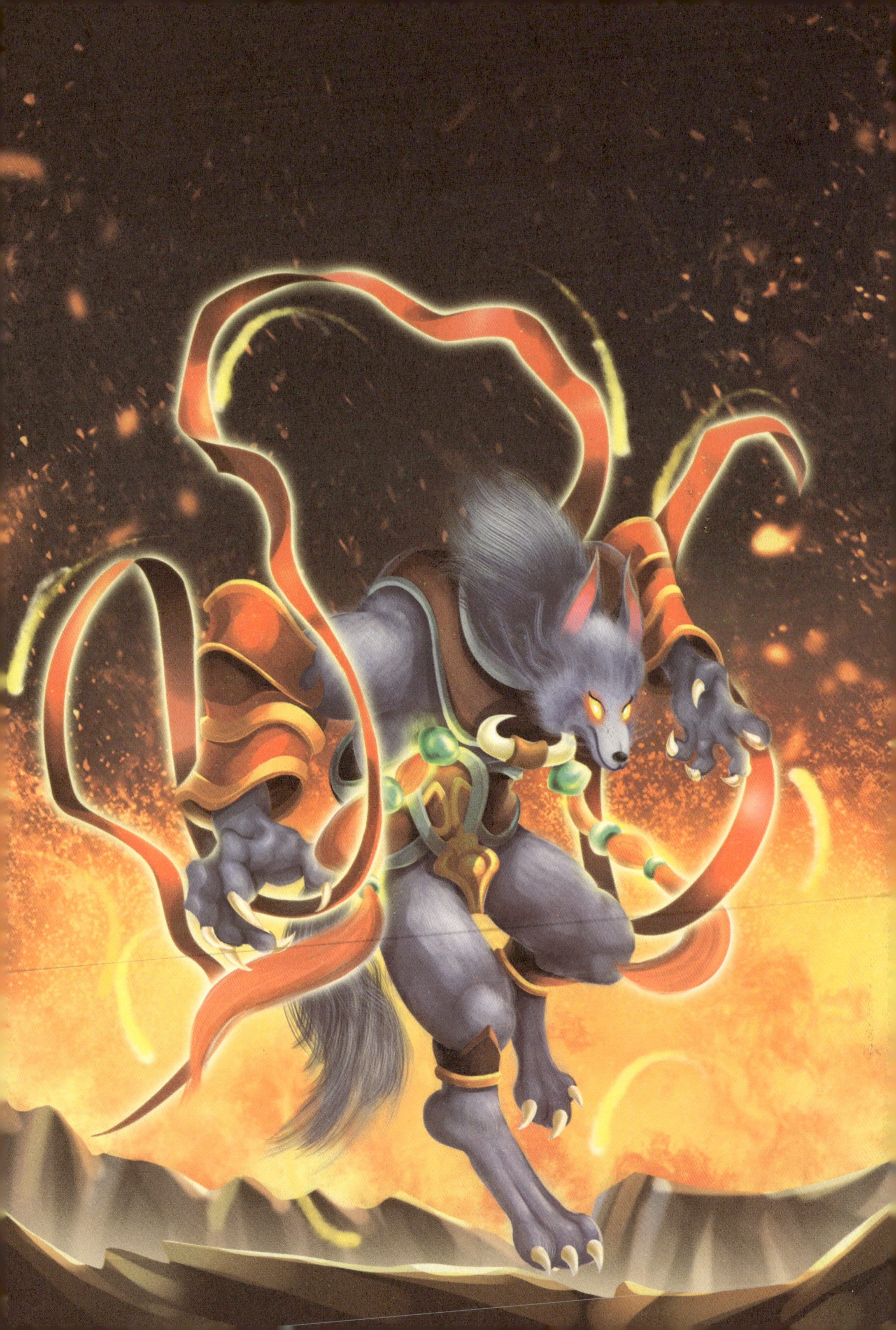

吴堪心情沉重地回到家，将这件事告诉了妻子。

妻子劝他道："你不要担心，等我回来。"说罢转身出门，没多久就为他找来了这两件古怪的东西。

县令一计不成，又召来吴堪说："你马上将祸斗找来，否则就让你大祸临头。"

吴堪回去告诉了妻子，妻子又为他牵来了一只像狗的动物，说："这就是祸斗，你将它交给县令吧。"说完又教给他一些话。

吴堪虽然觉得这动物分明是一只狗，可他信任妻子，就将这只动物牵到县令面前。

县令果然大怒："这分明就是一只狗！你在戏弄我吗？"

吴堪按照妻子的吩咐，解释道："这正是祸斗。它能吃火，也能排火。不信您可以试试。"

县令将信将疑，就命人端来通红的炭火让祸斗进食。祸斗吃下炭火后，拉出了一团团火团。这些火团滚到地上，忽然烧起大火，迅速点燃了整个县衙，把县令烧成了灰烬。

而吴堪和他的妻子则离开县城，去了一个世外桃源，继续过着幸福恩爱的日子。

海外南经

凿齿

羿①与凿齿②战于寿华之野，羿射杀之。在昆仑虚东。羿持弓矢，凿齿持盾。一曰持戈。

译文

羿与凿齿在寿华的郊外交战厮杀，羿射死了凿齿。那个地方就在昆仑山的东面。在那次交战中，羿手拿弓箭，凿齿手拿盾牌。另一种说法认为凿齿拿着戈。

注释

①羿：神话传说中的天神。

②凿齿：传说是亦人亦兽的神人，有一颗牙齿露在嘴外，有五六尺长，形状像一把凿子。

手持盾牌的怪物

在尧的时代，天上出现了十个太阳。这十个太阳炙烤得大地干旱，民不聊生，很多怪物也趁乱出没，

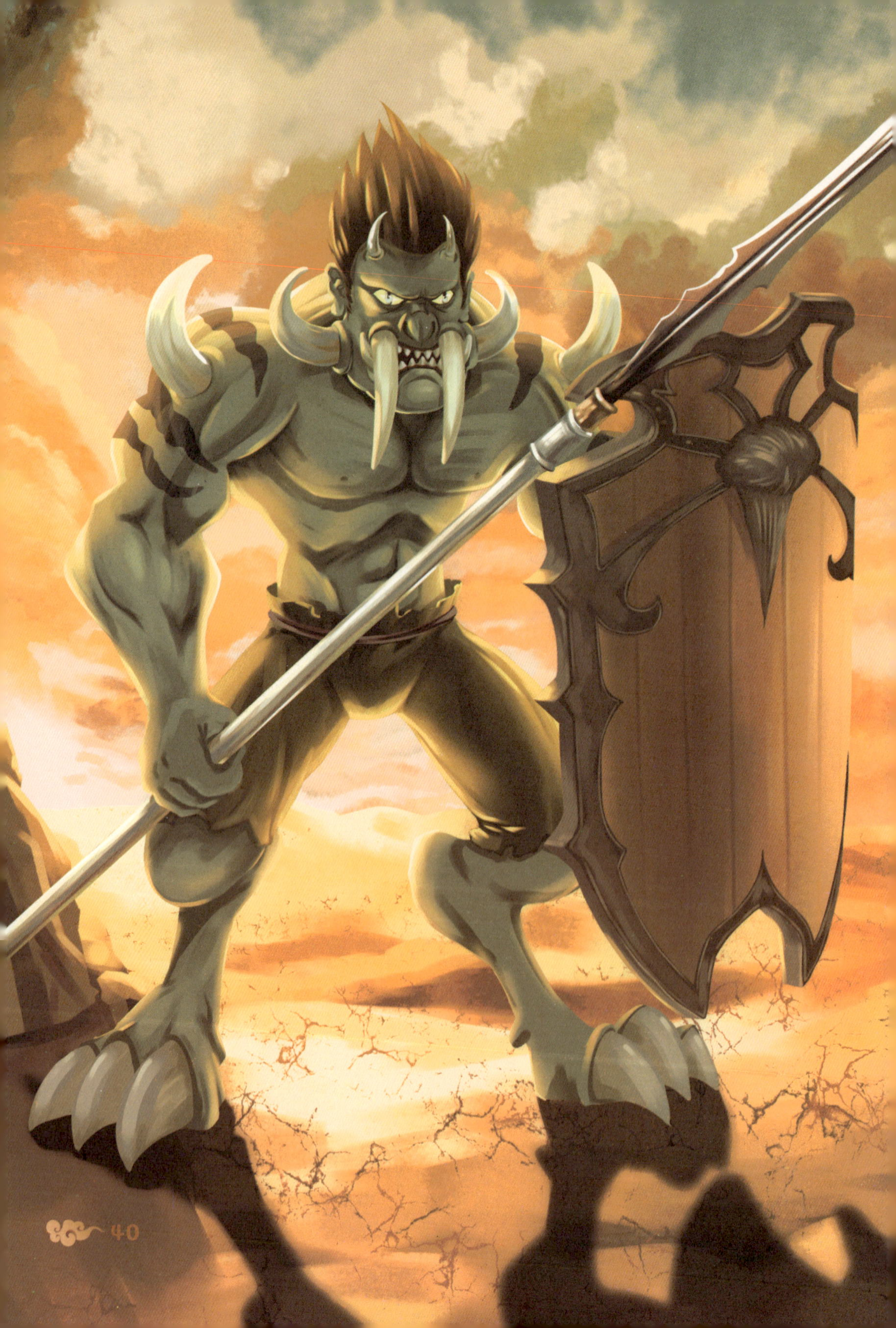

为害人间。

在南方的沼泽地带，有一片叫寿华的荒野，这里出现了一只叫凿齿的怪物。它长着像凿子一样的长牙，手中持着盾和矛。凿齿不仅长相凶狠，性情也非常凶恶，常常捕食人类。

每当太阳落山的时候，凿齿就会出去游荡，吃掉落单的人。人们感到恐惧万分，就向尧帝求助。尧帝知道凿齿吃人的恶行后，十分震怒，派出后羿前往讨伐。

后羿背着弓箭，来到荒野里寻找凿齿的踪迹。凿齿闻见人类的气息，"嗷呜"一声长嚎，冲了出来。后羿握紧弓箭，就看见一只长着獠牙的怪兽冲自己跑了过来。

凿齿冲出来后，立刻认出了后羿。凿齿知道这个后羿可杀死过九个太阳，自己哪里是他的对手！想到这里，凿齿已经慌了。后羿看出它神情有异，拔出宝剑就砍，凿齿忙举起盾牌抵挡，只听"当啷"一声，盾牌裂成了两半。

凿齿落荒而逃。后羿站在原地，沉着地搭弓引箭，一箭就射中了凿齿的心窝。

凿齿轰然倒地，渐渐被沼泽吞没了。

附近的人们听闻消息后都欢欣鼓舞，纷纷赶来向后羿表示感谢。

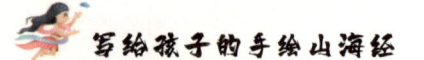

海外南经

尧

狄山,帝尧①葬于阳。

> 译文
> 狄山,尧帝死后葬在它的南面。

注释

①尧:传说中的中国古代帝王。号陶唐氏,史称唐尧。他死后通过禅让制度由舜继位。

棋子的发明

相传,上古时期的帝尧在统一部落后,带领人们过上了凿饮耕食的农耕生活。眼看着国家一片祥和,可尧却一直为一桩事儿烦心——他的长子丹朱十几岁了,但性格好勇斗狠,不务正业,常常招惹祸端。

帝尧心想:要使丹朱回归到正道上,必须先磨炼他

43

的心性，让他沉稳下来，得教他学会几样本领才行。

帝尧先派人教丹朱打猎的本领，可丹朱不喜欢地说："打猎太没意思了。"

帝尧叹了口气："你不喜欢打猎，那就学石子棋吧，这石子棋学会了，在行军打仗时也能派上大用场呢。"

说着，帝尧用箭头在一块山石上刻画了十几个方格子，又捡来一大堆小石子。他把小石子分成两半，手把手地将自己的作战谋略用下棋的方式讲解给丹朱听。

丹朱听进去了，渐渐对下棋产生了兴趣。一天天过去，丹朱越来越专心，也不出去闲逛惹事了。帝尧感到十分欣慰，对散宜氏说："丹朱如果真的改了性子，明白了棋子中蕴含的道理，将来就能接替我的帝位了。"

没想到过了一阵子，丹朱先前的那群狐朋狗友开始给丹朱吹耳边风："下棋太无聊了，你每天都被绑在棋子上，哪有出去玩来得快活。"

丹朱听信了这些谗言，觉得下棋无聊，便又开始游手好闲，甚至想用诡计夺取父亲的帝位。帝尧十分伤心，再也不想见到丹朱了，就把他送往南方，还将帝位禅让给舜。

舜也学着帝尧的样子，把石子棋教给儿子商均。史书记载："尧造围棋，以教子丹朱。"

神话篇

海外南经

姬昌

狄山，帝尧葬于阳，帝喾（kù）①葬于阴。爰有熊、罴（pí）、文虎、蜼（wěi）、豹、离朱②、视肉③。吁咽④、文王⑤皆葬其所。一曰汤山。

译文

狄山，唐尧死后葬在这座山的南面，帝喾死后葬在这座山的北面。这里有熊、罴、花斑虎、长尾猿、豹子、三足乌、视肉。吁咽和文王也埋葬在这里。另一种说法认为狄山也叫汤山。

注释

①帝喾：传说中的上古帝王唐尧的父亲。

②离朱：可能是神话传说中的三足乌。这种鸟在太阳里，与乌鸦相似，但长着三只脚。

③视肉：传说中的一种怪兽，形貌像牛肝，有两只眼睛，割去它的肉，不长时间就又重新生长出来，完好如初。

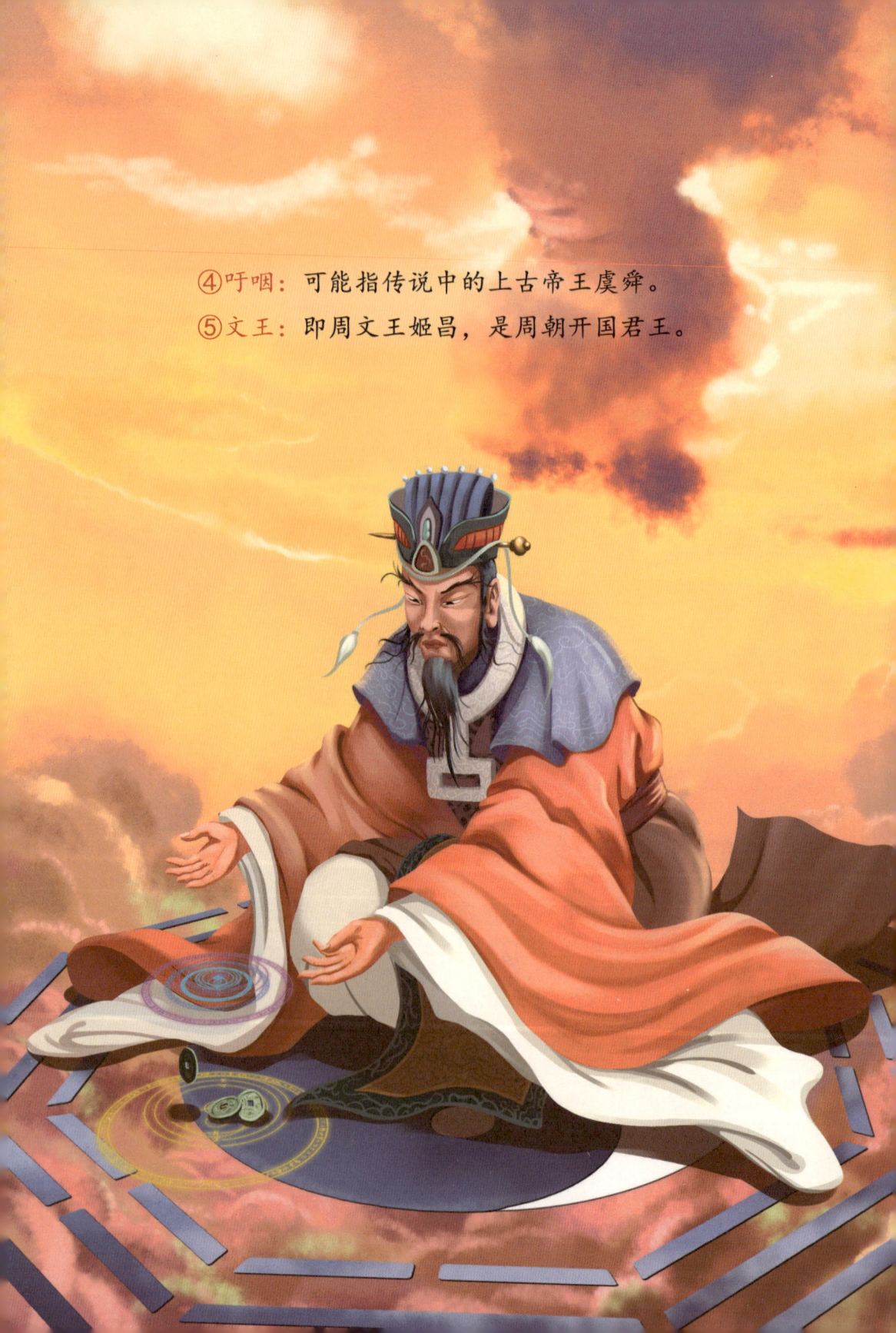

④吁咽：可能指传说中的上古帝王虞舜。
⑤文王：即周文王姬昌，是周朝开国君王。

周朝的开国君王

姬昌是商代末年的西伯侯。在姬昌的治理下，周国的百姓们安居乐业，互相礼让，人们尊老爱幼，贫弱孤寡的人也会受到很好的照顾。姬昌自己生活俭朴，常常穿着粗布衣服，到民间去体察民情。

传说商纣王发明了名为炮烙的酷刑，就是将犯人绑在烧红的铜柱上烫得皮开肉绽，以此取乐。姬昌听说后很是气愤，向纣王表示愿意献上周国洛河西岸的一块土地，以此换取废除炮烙之刑。纣王答应了他的要求，废除了炮烙之刑，姬昌也因此得到了天下百姓的爱戴。

后来，商纣王的统治越来越暴虐，诸侯们都无法再忍受，于是招兵买马打算推翻商纣王的统治。姬昌也有这个打算，他到处寻求人才，以壮大自己的实力。

有一天，姬昌路过渭水时，看见一个老人坐在岸边钓鱼。奇怪的是，老人的鱼钩是直的，也没有挂上鱼饵。姬昌觉得奇怪，就和老人攀谈起来。

聊天过程中，姬昌发现老人十分有学问，就拜老人为师，将他带回了王宫。这位老人就是姜子牙。在姜子牙的帮助下，周国的实力越来越强大。

海外南经

祝融

南方祝融，兽身人面，乘①两龙。

译文 南方的祝融，长着兽的身子和人的脸，驾着两条龙。

注释

①乘：骑；坐（交通工具）。

共工之祸

相传在远古时代，人们靠打猎为生。人们抓来猎物后，就连毛带血地生吃。

昆仑山上有一座光明宫，住在里面的火神祝融心地慈悲，同情人类，就传下火种，教给人们用火的方法。

人们得到火种后，生起火堆，把打来的野兽放在火上烤熟后再吃。他们惊喜地发现烤熟的肉不仅好吃，吃下去后也不容易生病。火在夜里还能够为人们照明，在寒冬能够为人们带来温暖。人们都十分感激和爱戴火神祝融。

住在东海里的水神共工，见人们都崇拜火神祝融，气愤地说："水与火都是人生活需要的东西，为什么这些可恶的人类只敬火神，而不敬我水神呢？"

共工越想越生气，就驾着水龙把光明宫周围常年不熄的神火熄灭，弄得大地上一片漆黑。

火神祝融也被惹怒了，就驾着火龙出来迎战，只见烈焰腾空，光明宫里的神火又重新燃起，大地也被照得雪亮。

祝融骑着火龙把共工烧得焦头烂额。

共工抵挡不住，一路退到海上，祝融骑着火龙直冲大海。共工慌忙逃向天边，而祝融又追了上来。共工慌不择路，一头撞向了不周山。只听一声惊天动地的巨响，不周山倒了。

不周山是撑着天的柱子，不周山倒后，顿时天塌地陷，山林烧起了大火，洪水肆虐，各种毒蛇猛兽也出来为祸人间。

人类面临着空前的大灾难。

这才有后来的女娲补天的故事。

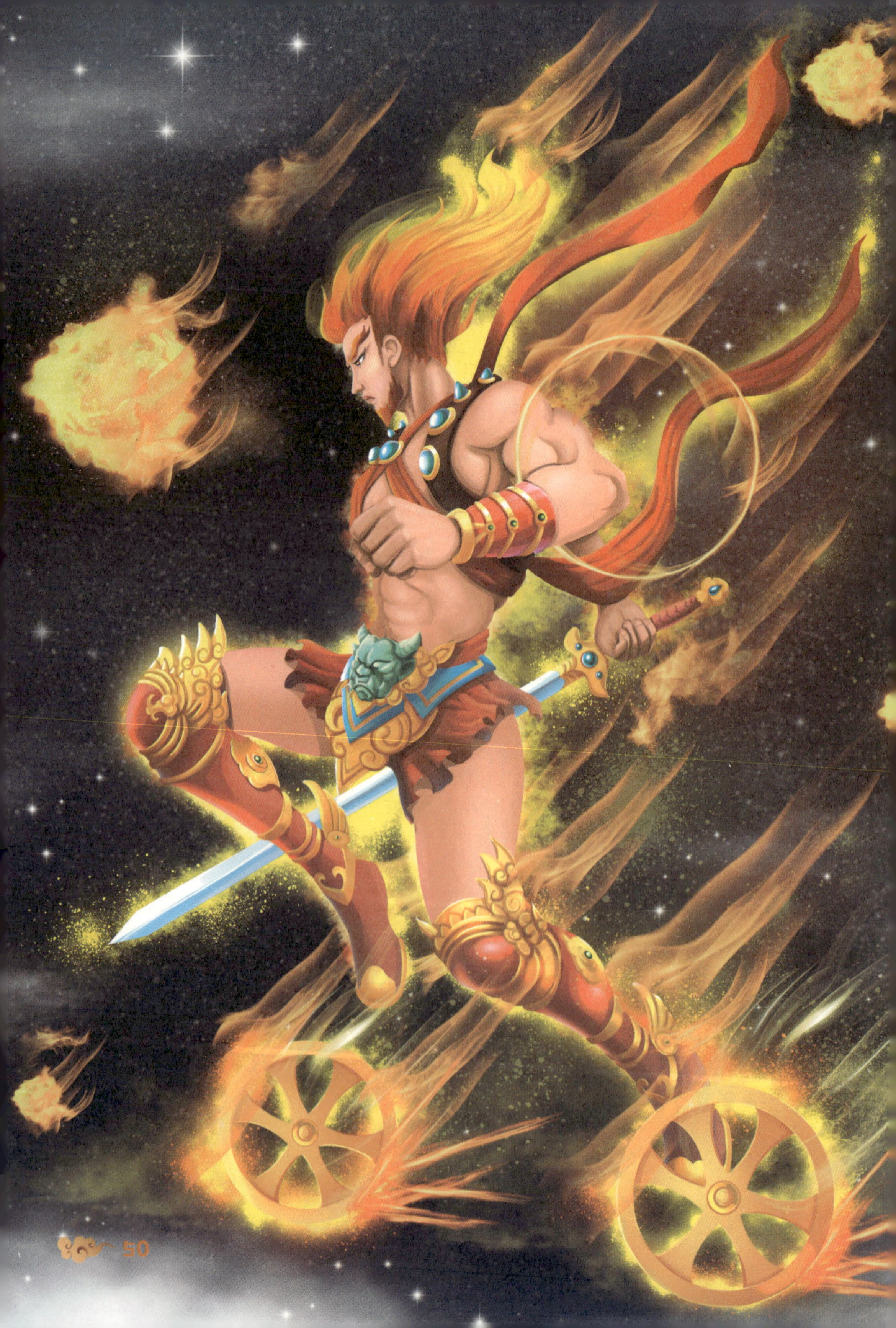

神话篇

海外西经

启

大乐(yé)之野,夏后启①于此儛(wǔ)②《九代》,乘两龙,云盖三层。左手操翳(yì)③,右手操环,佩玉璜(huáng)④。在大运山北。一曰大遗之野。

译文

大乐野,夏后启在这个地方跳起《九代》乐舞,乘驾着两条龙,飞腾在三重云雾之上。他左手握着一把羽毛做的华盖,右手拿着一只玉环,腰间佩戴着一块玉璜。大乐野就在大运山的北面。另一种说法认为夏后启跳乐舞《九代》是在大遗野。

注释

①夏后启:夏启王,传说是夏朝开国君主大禹的儿子,夏朝第二代国君。夏后,即夏王。

②儛:通"舞"。

③翳:用羽毛做的形状像伞的华盖。

④璜:一种半圆形玉器。

启的神奇身世

传说大禹一心治水，一直到了三十岁还没有娶妻生子。有一次，大禹来到涂山时，碰见了一只白色九尾狐。九尾狐是传说中的瑞兽，见到九尾狐就会发生喜事。

这时，有个孩子在旁边唱起了当地流传的一首民间歌谣："谁见了九条尾巴的白狐狸，谁就可以做国王。谁娶了涂山的女儿，谁就可以家道兴旺。"

原来，涂山氏有一个女儿，名为女娇，长得貌美如花，性情娴雅安静。后来大禹就娶了女娇做妻子。

有一天，大禹忙于治水，女娇给大禹送饭，没找到大禹，却看见一只大黑熊正在凿石推土。女娇吓得大叫一声，转身就往山下跑。大黑熊在她后面紧紧追赶，眼看就要追上女娇了，女娇吓得昏死过去，变成了一块石头。

这时，大黑熊变成了大禹。原来这头黑熊是大禹变化的，他追上来是想要向妻子解释，却没想到害死了妻子。

大禹伤心地抱着石头痛哭起来。就在这时，只听得"轰隆"一声，这块石头裂开了。从裂缝中跳出一个活泼的小男孩，正是女娇腹中的孩子。因为这孩子是从裂开的石头中生出来的，禹就给他起名为"启"。

神话篇

海外西经

刑天

刑天与帝争神,帝断其首,葬之常羊之山。乃以乳为目,以脐为口,操干戚①以舞。

译文

刑天与天帝争夺神位,天帝砍断了刑天的头,把他的头埋在常羊山。刑天就以双乳为眼睛,以肚脐为嘴巴,手持盾牌和大斧继续作战。

注释

①干戚:古代兵器名。干,盾;戚,斧。

不屈的战神

上古时期,炎帝手下有一位大臣叫刑天。刑天热爱音乐,曾为炎帝创作出许多乐曲和诗歌,歌颂当时人民幸福快乐的生活。

后来黄帝称霸中原,刑天不服气,主动请战,想去

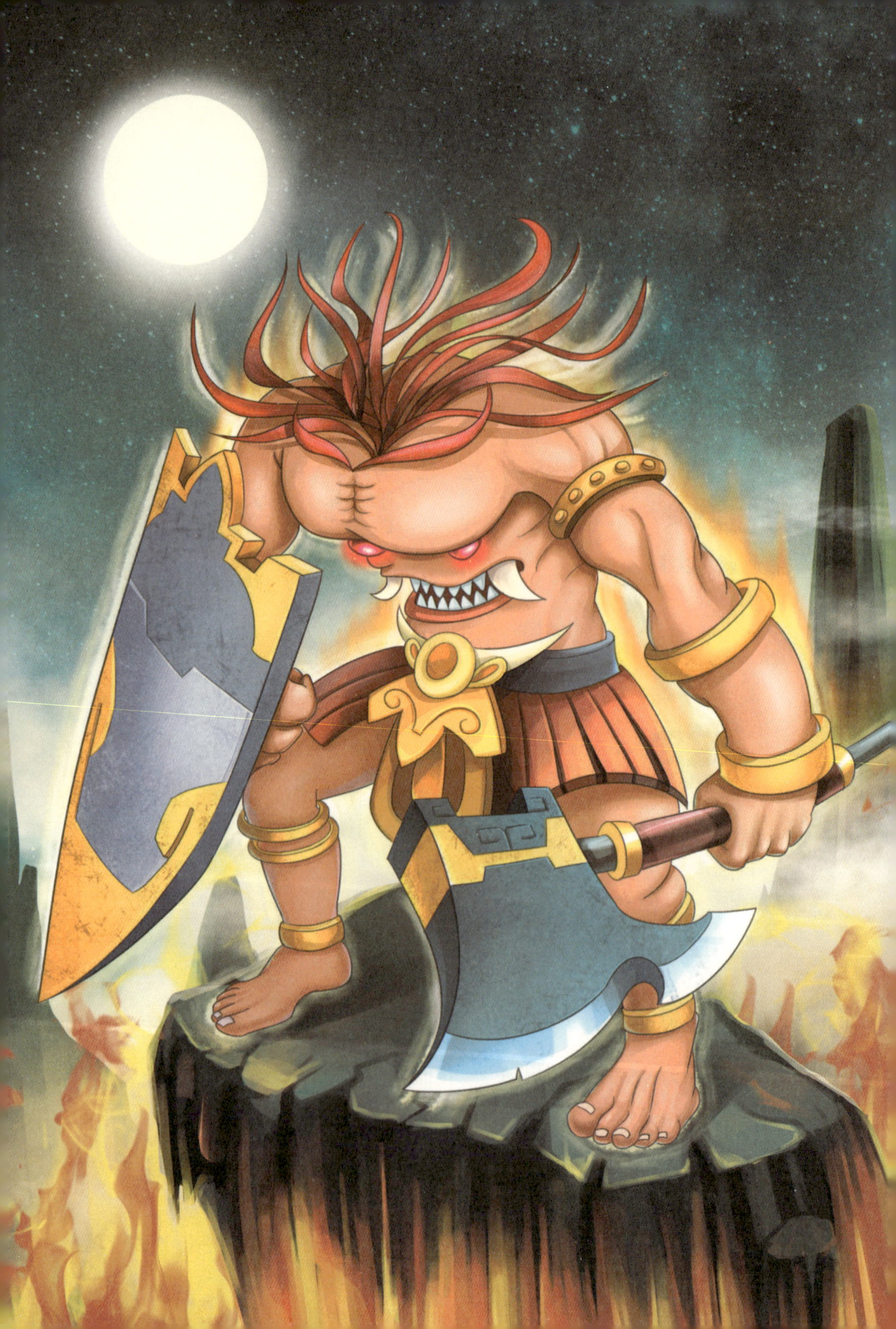

和黄帝争个高低。炎帝不同意，刑天就偷偷跑去向黄帝宣战。

刑天战斗力非凡，他一路所向披靡，杀到了黄帝所在的天宫。这可惹怒了黄帝，黄帝披挂整齐出来迎战。

刑天不是黄帝的对手，被黄帝一剑砍掉了脑袋。

刑天一摸自己的脖子，发现没有了头颅，他慌忙蹲下来在地上摸索，寻找头颅。他的巨手力大无穷，折断了大树，碾碎了岩石，弄得到处木石横飞，附近的山坡、小岭都被夷为平地。

黄帝怕刑天找到头颅，就举起宝剑向常羊山一劈，只听"哗啦"一声，一座大山从中间分成了两半。刑天的头颅滚进了裂缝里。眨眼间，大山又合拢起来，吞没了刑天的头颅。

原本蹲在地上摸索头颅的刑天突然站起来，他一只手拿着大板斧，另一只手拿着盾牌，朝着天空用力挥舞，继续和看不见的敌人战斗着。

刑天不屈不挠的精神感动了天帝，天帝将他变成了一位无头的天神。他以上半身当脸，双乳为眼睛，肚脐为口，总是面带笑容。古代有一种叫作"干戚"的舞蹈，就是模仿刑天的形象，借此表现不屈不挠的战斗精神。

海外北经

相柳

共工之臣曰相柳氏，九首，以食于九山。相柳之所抵，厥[1]为泽溪。

译文

天神共工的臣子叫相柳氏，它有九个头，九个头分别在九座山上吃食物。相柳氏所经过之处，便会被挖掘成沼泽和溪流。

注释

[1] 厥：通"掘"，挖掘。

血液有毒的相柳

相柳是一个可怕的怪物，它长着巨大的青色蛇身和九个脑袋，每个脑袋上都长着人的面孔，这九个头

57

还能分别在九座山上吃食物。相柳触及的地方都会变成溪流和沼泽，而且其中的水苦涩无比，人和动物都无法饮用。

相柳是水神共工的臣子，相传共工撞倒不周山之后，大地上洪水肆虐。大禹开始治理水患。但是共工依旧兴风作浪，还派相柳去破坏河道。

大禹看着自己辛辛苦苦修好的河道被破坏，下定决心道："我一定要铲除这个可恨的怪物！"

大禹向众神求助，天帝就派出几位天神，帮助大禹对付共工和相柳。在众神的帮助下，大禹打败了水神共工，又杀死了相柳。

相柳死后，流出的血发出腥臭刺鼻的气味，这些血流淌过的地方寸草不生。大禹修补好被相柳血液浸坏的河堤，可河堤每一次都重新塌陷下去。

后来，大禹挖了一个池子，让相柳的血流到里面。还用挖出来的泥土为众神建造了几座帝台，用来镇压相柳。

海外北经

夸父

夸父与日逐走，入日。渴欲得饮，饮于河渭，河渭不足，北饮大泽①。未至，道渴而死。弃其杖，化为邓林②。

译文

夸父与太阳赛跑，一直追赶到太阳落下的地方。他感到口渴，想要喝水，就到黄河、渭河喝水，黄河、渭河的水不够喝，他又去北方的大湖喝水。还没赶到大湖，就半路渴死了。他遗弃的手杖，化成了桃林。

注释

① 大泽：大湖。
② 邓林：桃林。

夸父逐日

远古时代，山里住着一个巨人氏族，名叫夸父族。夸父族的首领就叫夸父，他长得顶天立地，力大无穷。

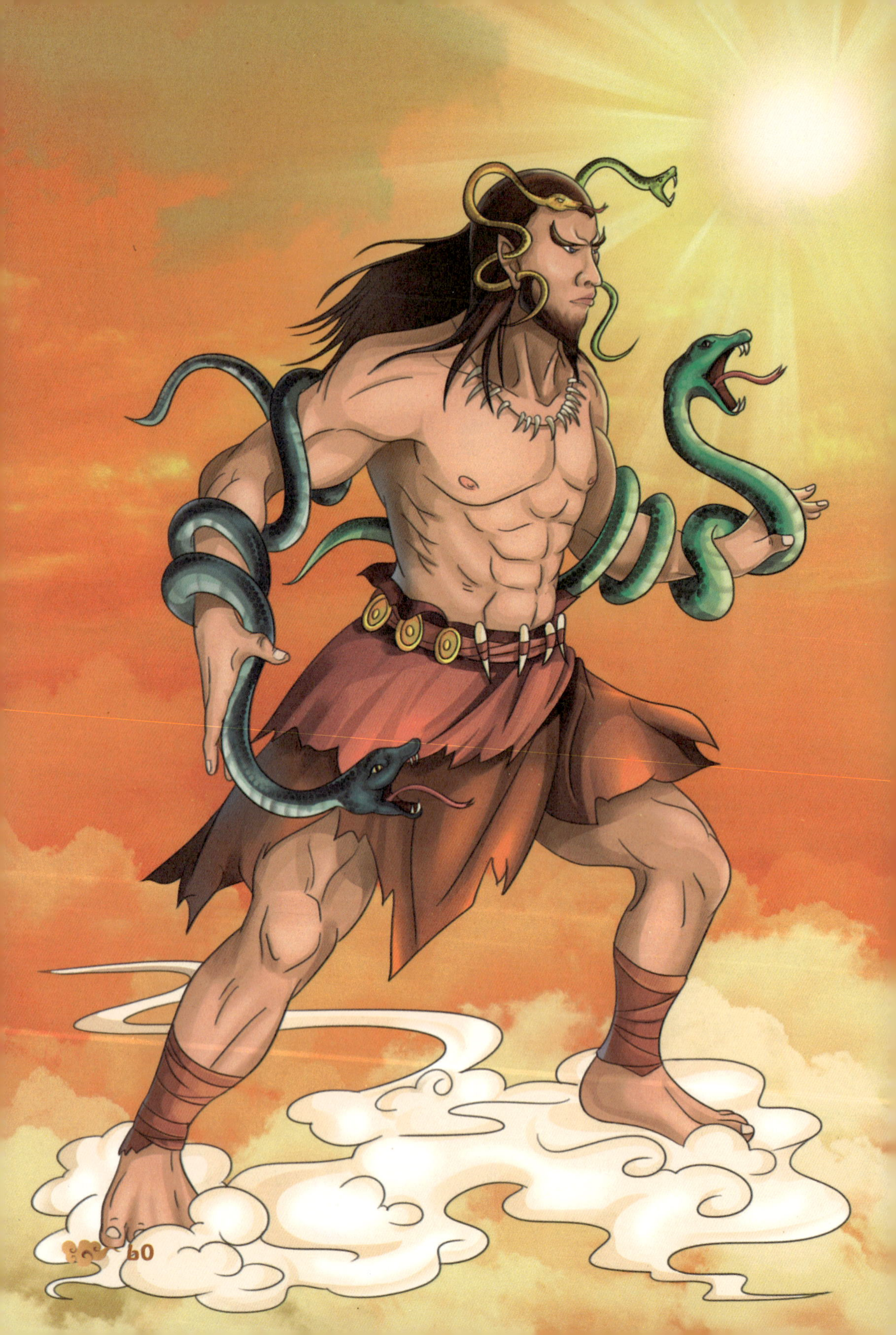

那时候的大地上毒蛇猛兽横行。夸父每天都率领族人跟洪水猛兽搏斗，还常常将凶恶的青蛇与黄蛇挂在自己的两只耳朵上作为装饰，表明自己能战胜一切猛兽。

有一年，大地上发生了旱灾，火一样的太阳挂在天上，晒得庄稼枯死、河流干涸，人们都快活不下去了。夸父见到这种情景，就发誓要将太阳捉住，让它不再为祸人间。

第二天一早，太阳刚刚从海面上升起时，夸父便迈开大步开始了逐日的征程。太阳在空中移动，夸父在地上疾风一样地追。夸父不停地追呀追，饿了就摘个野果充饥，渴了就捧口河水喝。

夸父不眠不休地追了九天九夜，跨过一座座高山，穿过一条条大河，眼看太阳近在眼前，夸父却由于身心憔悴，头昏眼花，在伸手捉太阳的时候晕倒在地。当他醒来时，太阳早已不见了。

夸父毫不气馁，鼓足全身的力气又出发了。可是离太阳越近，阳光和热度就越强烈。夸父觉得浑身的水分都要蒸发干了。于是，他一口气喝干了黄河和渭河里的水，但还是不解渴。于是他又急忙向北走去，打算喝大湖的水。可是才走到一半，"轰隆"一声，夸父倒在地上，死去了。

夸父死后，他手里的桃木杖就在地上生根发芽，变成一片鲜果累累的桃林，供过路人乘凉解渴。

海外北经

大禹

禹所积石之山①在其东,河水所入。

译文

禹所积石山在它(博父国)的东边,是黄河流过的地方。

注释

① 禹所积石之山:即禹所积石山。传说大禹曾疏通积石山而导引黄河水流过。此积石山是另一座山,不是这里所说的禹所积石山。

神话篇

大禹治水

在尧的时代,大地上经常洪水泛滥,大水淹没了庄稼和房屋,使得人们流离失所,给人们带来了无边的灾难。

面对这种情况,尧急需能治理水患的能人。群臣都推举鲧来治水。可是鲧治水治了九年,大水还是没有消退。

后来舜登上帝位,首先就革去了鲧的职务,重新召集大臣们商议治水的问题。大臣们都推荐禹来治水,他们说:"禹虽然是鲧的儿子,可是他的德行、能力比他的父亲强多了。"

舜没有因为禹是鲧的儿子就轻视他,而是放心地将

治水的大任交给了他,还派了几个能人协助他。

大禹是一个贤良的人,他没有因为舜处罚了他的父亲就怀恨在心,接受任务后丝毫不敢懈怠。

大禹告别新婚的妻子,带领着手下们跋山涉水,走遍了当时的中原大地。

大禹拿着准绳和规矩,走到哪里就量到哪里。他吸取了父亲治水的教训,发明了一种以疏为主的治水方法。

他每发现一个地方需要治理水患,就动员当地的人们来施工。禹和人民一起劳动,同吃同住,不怕辛苦。

他为了治水,三过家门而不入。有一次,他在治水时路过自己家门口,听见了小孩儿的哭声,那是他的妻子涂山氏刚为他生下的儿子。禹多么想亲眼看一看自己的妻子和孩子啊,但是他一想到治水任务紧急,只是朝着家的方向行了一礼,就头也不回地离开了。

大禹花了十三年的时间治水,在他的努力下,原本凶恶的河水平缓地向东流去,昔日被淹没的农田又重新长出了庄稼,人们过上了幸福富足的生活。

人们感念大禹的功绩,为他修庙筑殿,尊称他为"禹神"。

海外东经

天吴

朝阳之谷①，神曰天吴，是为水伯②。在䖵䖵北两水间。其为兽也，八首人面，八足八尾，背青黄。

译文

有个山谷叫朝阳谷，那里有个神叫天吴，就是传说中的水伯。朝阳谷在虹虹国北面两条河流的中间。天吴是野兽形貌，长着八个脑袋和人的面孔，八只脚、八条尾巴，背部是青中带黄的颜色。

注释

①朝阳之谷：此处特指名为朝阳的山谷。

②水伯：水神。

巫支祈与河伯斗

淮河的水神巫支祈和黄河水神河伯打仗,派天吴做元帅,相柳氏当副手。山神江疑乘云,雷神列缺夹着雷电,人身虎尾的风神泰逢吹起风,雨师薄号下起雨,蛟龙、猪婆龙、鳄鱼、鲮鱼等都来做先锋。

河伯听到消息后,害怕得想要逃走,被姑苏山神灵姑胥劝阻了。灵姑胥说道:"不如先打一场,如果不能赢,再走也不晚。我建议派驮着石碑的赑屃来出战。"

河伯说道:"天吴一人就有八个脑袋八只脚,而相柳氏有九个头,再加上云雨风雷诸神各有能耐。蛟龙、猪婆龙等又都是剑尾凿口,鳞甲锋利,赑屃哪能抵挡得住啊!"

灵姑胥说:"这正是我推举赑屃的原因。主帅是一身统率三军的人,所谓耳齐则聪,目齐则明,心齐则一。可现在天吴有八头而副帅又有九头。我听说:人的心神都集中在耳目上,目多视觉就会模糊,耳多听觉就会失灵。现在要以天吴和相柳氏二人的心神驾驭几十个耳目,怎能不惑乱?加上云雨风雷诸神都要逞能,哪里会有统一的意志呢?所以只有赑屃可以抵挡他们,赑屃意志顽强,不受智谋的诱骗和武力的威胁。"

河伯于是让赑屃为帅,率领独角兽去攻打巫支祈,果然打了胜仗。所以说:众志之多疑,不如一心之独决也。

67

海外东经

句芒

东方句（gōu）芒①，鸟身人面，乘两龙。

译文

东方之神叫句芒，长着鸟的身体和人的面孔，乘着两条龙。

注释

①句芒：神话中掌管东方的木神。

掌管草木生长的青帝

句芒是西方天帝少昊的儿子,他长着鸟的身子和人的面孔,驾着两条龙上天入地。

春秋时期,秦国的国君秦穆公是个贤君。他厚爱百姓,有一回他的马被三百个饥饿的百姓杀来吃了,秦穆公赦免了这些人的死罪。后来正是这些人帮助他打败了晋国的军队。

有一天,秦穆公到一座庙里拜祭时,忽然出现了一个长着鸟的身子和人脸的神,秦穆公见了吓得想逃。

那神却说:"不必害怕,我是青帝句芒。天帝知道你施行仁政,特地派我来为你增加十九年的寿命,并让你的国家繁荣昌盛,六畜兴旺。"

听完这些话,秦穆公立即叩头拜谢。后来,秦穆公果然又活了十九年。在他的治理下,国家越来越繁荣兴旺,百姓们安居乐业。

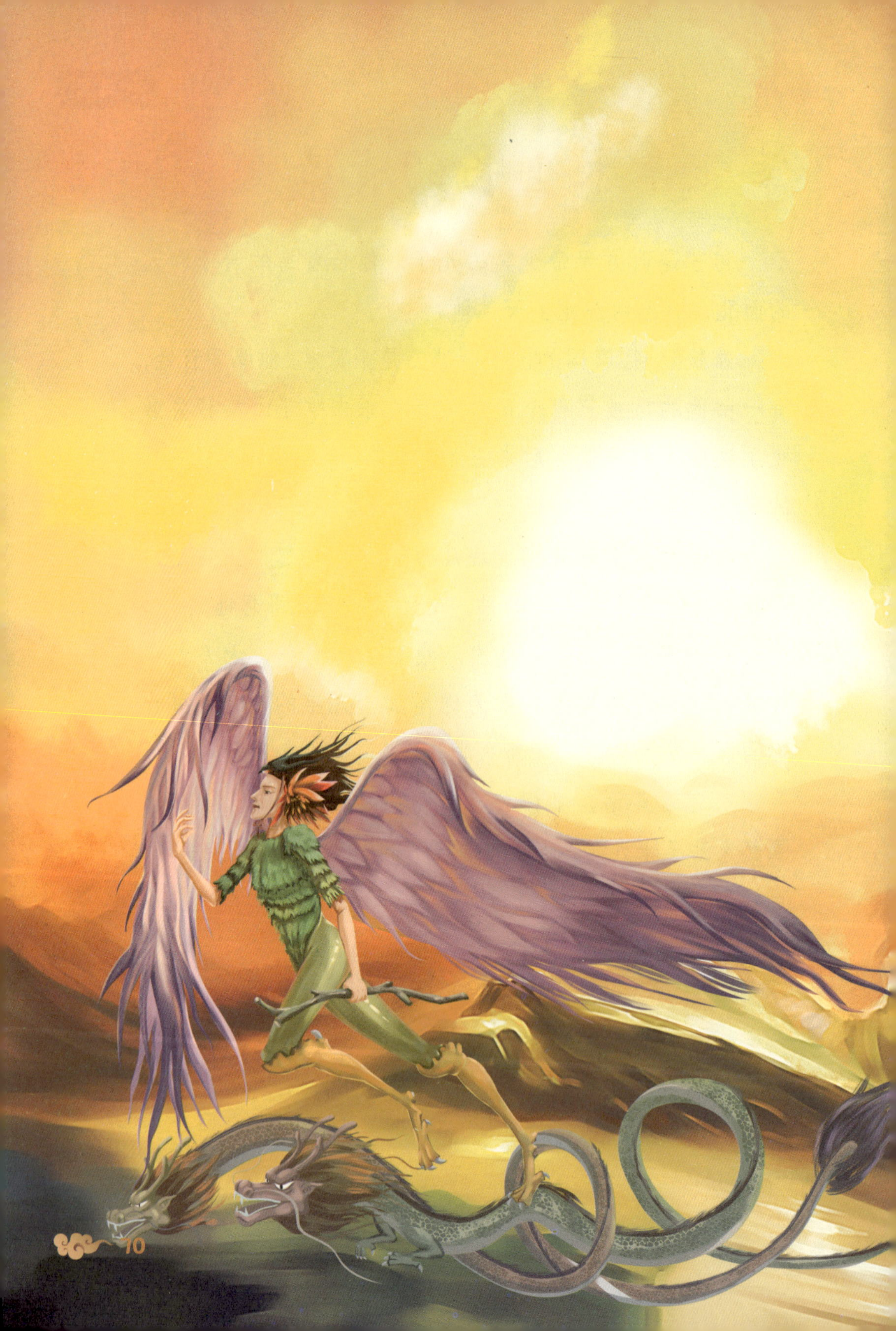

71

海外东经

竖亥

帝命竖亥步,自东极至于西极,五亿十选①九千八百步。竖亥右手把算②,左手指青丘北。

译文

天帝命令竖亥用脚步测量大地的长度,从最东端走到最西端,是五亿一杆。竖亥右手拿着算筹,左手指着青丘国的北面。

注释

①选:万。

②算:通"筹",算筹,古代计数用的筹码。

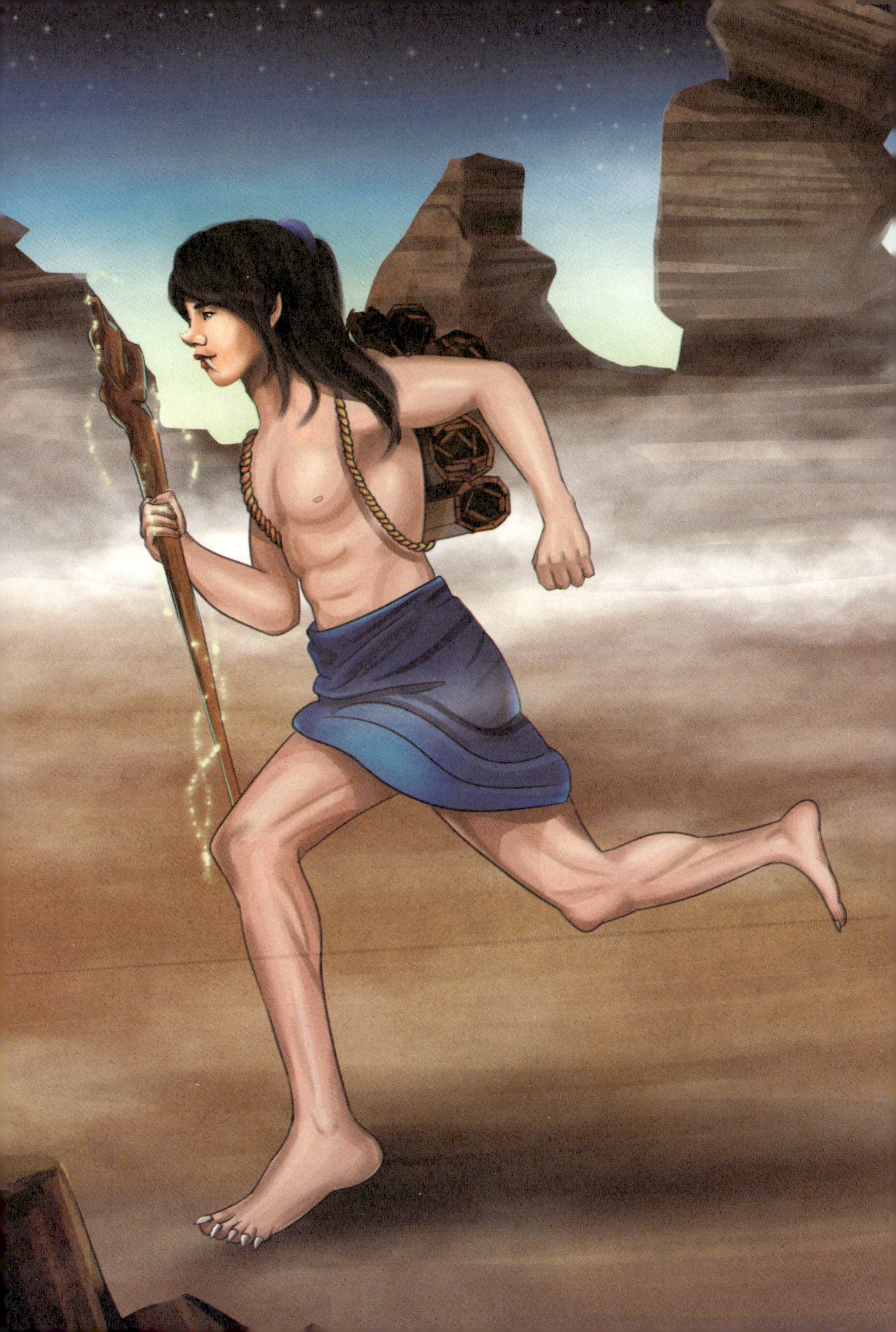

竖亥步地

大禹在平息洪水之后，继承了舜的帝位。

这个时候洪水退去，陆地连成了一片，大禹要重整家园、划分区域，就必须了解地域方位和土地面积。

竖亥是一位走得很快的天神，让他来测量大地再合适不过了。大禹就派竖亥去丈量大地的长度。

当时还没有计算长度的工具，竖亥就用自己的脚步来测量。他从东走到西，经常经过荒山野岭，随身带的干粮很快就吃完了。

途中虽然辛苦，竖亥却没有丝毫退缩，无论刮风下雨都阻挡不了他的脚步。他累了就席地而睡，饿了就吃树上的野果，常常饥一顿饱一顿的。路边的百姓们见他这么辛苦，邀请他去家里休息一会儿，都被竖亥拒绝了。

大地无边无际，竖亥从最东边走到最西边，一共走了五亿零十万九千八百步，花了整整十年的时间。

竖亥在测量的途中，用一些长短不一的竹片代替脚步来测量长度，从而发明了华夏民族最早的测量单位"尺"，还有测量仪器步尺。因此，后人称竖亥为"测量鼻祖"。

海内南经

丹朱

苍梧之山①，帝舜葬于阳②，帝丹朱葬于阴③。

译文 有座苍梧山，帝舜死后就葬在它的南面，帝丹朱死后葬在它的北面。

注释

①苍梧之山：即苍梧山，山名，又叫九嶷山，在今湖南宁远南。

②阳：山的南面。

③阴：山的北面。

尧帝的儿子

丹朱是尧帝和散宜氏生的儿子。

尧帝很疼爱这个大儿子，可是丹朱生性顽劣好斗。

尧帝到了五十岁的时候，打算传位。他召来大臣们

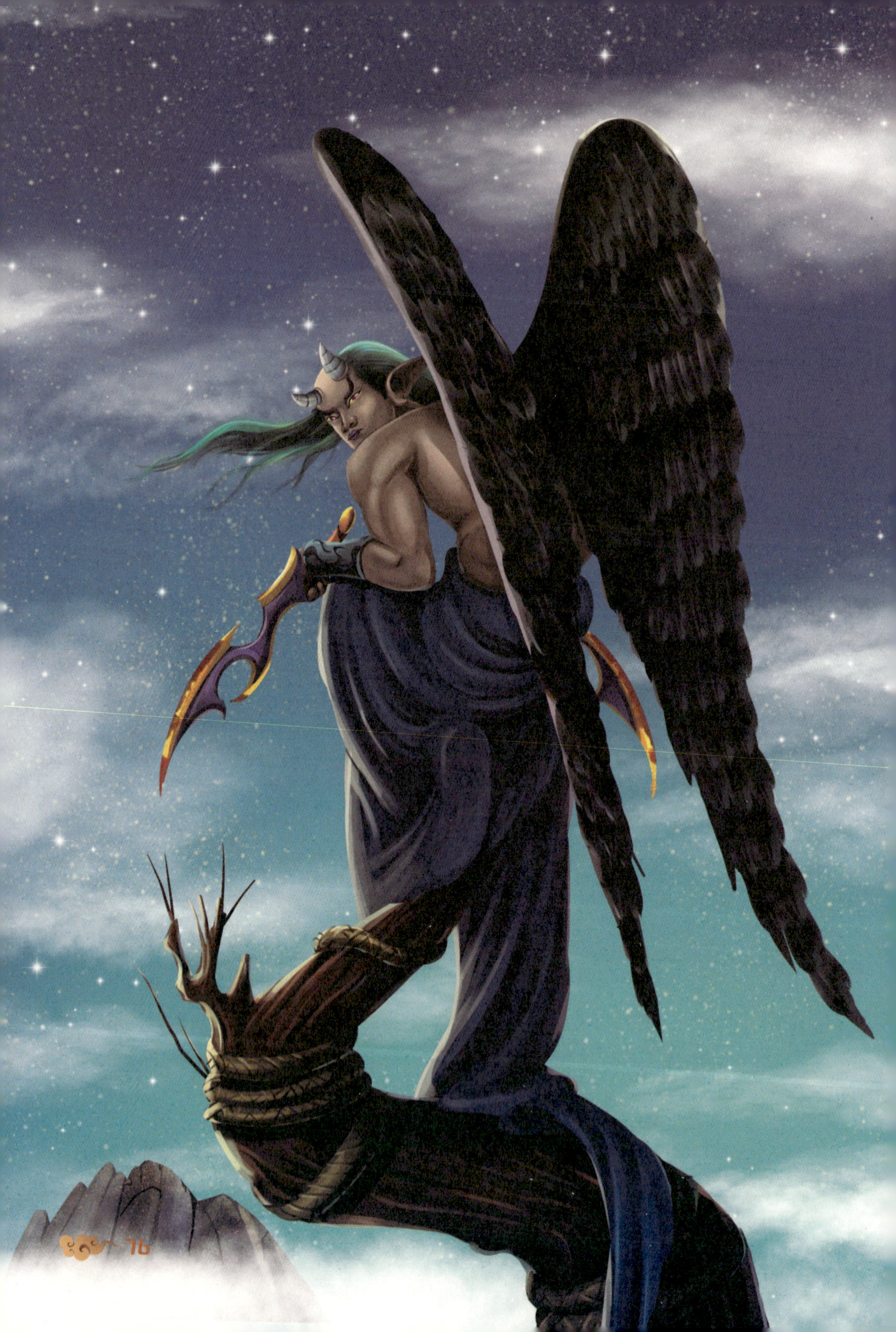

商议这件事。

大臣们提议："应该由嫡长子丹朱继承您的帝位。"

尧帝却道："丹朱性情顽劣，不是理想的人选。"

尧帝最终选择了舜作为继承人。

为了防止丹朱因心怀不满而作乱，尧帝将他流放到丹渊做诸侯。果然不出尧帝所料，丹朱对尧帝的决定耿耿于怀，心中愤愤不平："我才是帝位的继承人，凭什么让舜来继承？"

丹朱于是联合三苗部落的首领，密谋叛乱。由于消息泄露，尧帝亲自率军出征，平定了丹朱的叛乱。

后来，尧帝去世。舜找到丹朱，将帝位让给他，自己住到了南河的南岸。可是大臣们遇到事情，并不找丹朱，还是去找舜来商议。人们心目中的帝王也只有舜一个。

三年之后，丹朱大彻大悟，他将帝位还给了舜，自己回到三苗部落去当首领。他将三苗部落治理得井井有条，也得到了当地人的尊敬。

在和尧帝的战争中，丹朱虽然被打败了，可他勇猛无畏的形象在人们心中深深扎下了根，因此被人们称为"凶神"。他的一支后代被称为"狸姓"。遇到灾荒之年，人们会请"狸姓"出来代为祈福消灾。

海内南经

帝舜

苍梧之山，帝舜葬于阳，帝丹朱葬于阴。

译文：有座苍梧山，帝舜死后就葬在它的南面，帝丹朱死后葬在它的北面。

以德服人的帝王

舜是个苦命的孩子。他母亲生下他没多久就去世了，父亲瞽叟就又娶了一个妻子，生下了象。

瞽叟对待舜十分残暴，常常虐待殴打他。后娘心肠歹毒，弟弟象也十分阴险，他们常常陷害舜，想要置他于死地。

舜在这样的环境中长大，性格却仍然乐观坚强。他

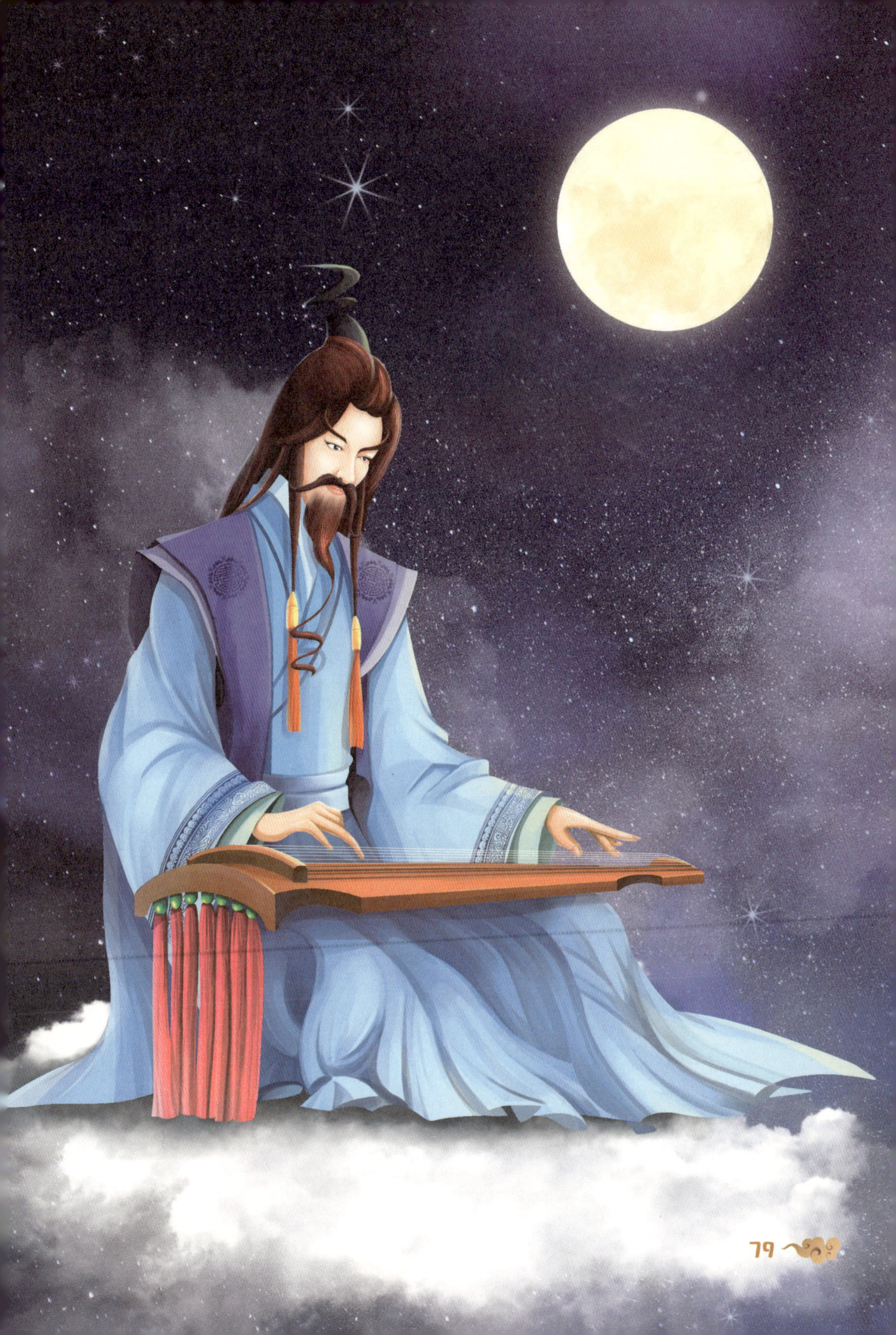

长大一些后，就独自搬到历山脚下居住，以耕田为生。他对待父亲和后娘仍然十分孝顺，并不记恨他们的所作所为。舜为人善良勤快，乐于助人。他住在哪里，人们就纷纷聚集到哪里。

舜在黄河边做陶器，技艺精湛，并且大方地传授给陶工们，于是陶工们的技术越来越精湛。舜在地里耕田，总是帮助周围的邻居耕田播种，教授他们如何把粮食种得更好。邻居们都纷纷效仿舜的德行，争着帮助别人。只要舜住过的地方，民风都会变得善良淳朴。舜在民众间的口碑越来越好。

当尧帝想找接班人的时候，大家都纷纷推举舜。于是尧将自己的两个女儿——娥皇和女英嫁给舜，并委派舜去做很多事情，以此考察他的品行。

舜通过了重重考验一点，尧十分满意，就将帝位传给了他。舜登上帝位后，常常到民间去体验民情，倾听人民的需求和心声，勤勤恳恳地治理国家。舜在晚年时，来到苍梧山一带巡视，却不幸病死在那里。

舜被葬在了苍梧山的南面。

神话篇

海内西经

后稷

后稷(jī)①之葬,山水环②之。在氐国③西。

译文

后稷死后所埋葬的地方,被山水环绕着。在氐人国的西边。

注释

①后稷:姬姓,名弃,黄帝玄孙,帝喾嫡长子,母姜嫄,尧舜时期为掌管农业之官,周朝始祖。

②环:环绕,包围。

③氐国:氐人国。

百谷之神

相传很久很久以前,有个人很善于种植粮食,他教会了老百姓丰富的农事经验,被人尊称为"五谷之神",这个人就是后稷。后稷是帝喾的后裔,他把各种农作物的

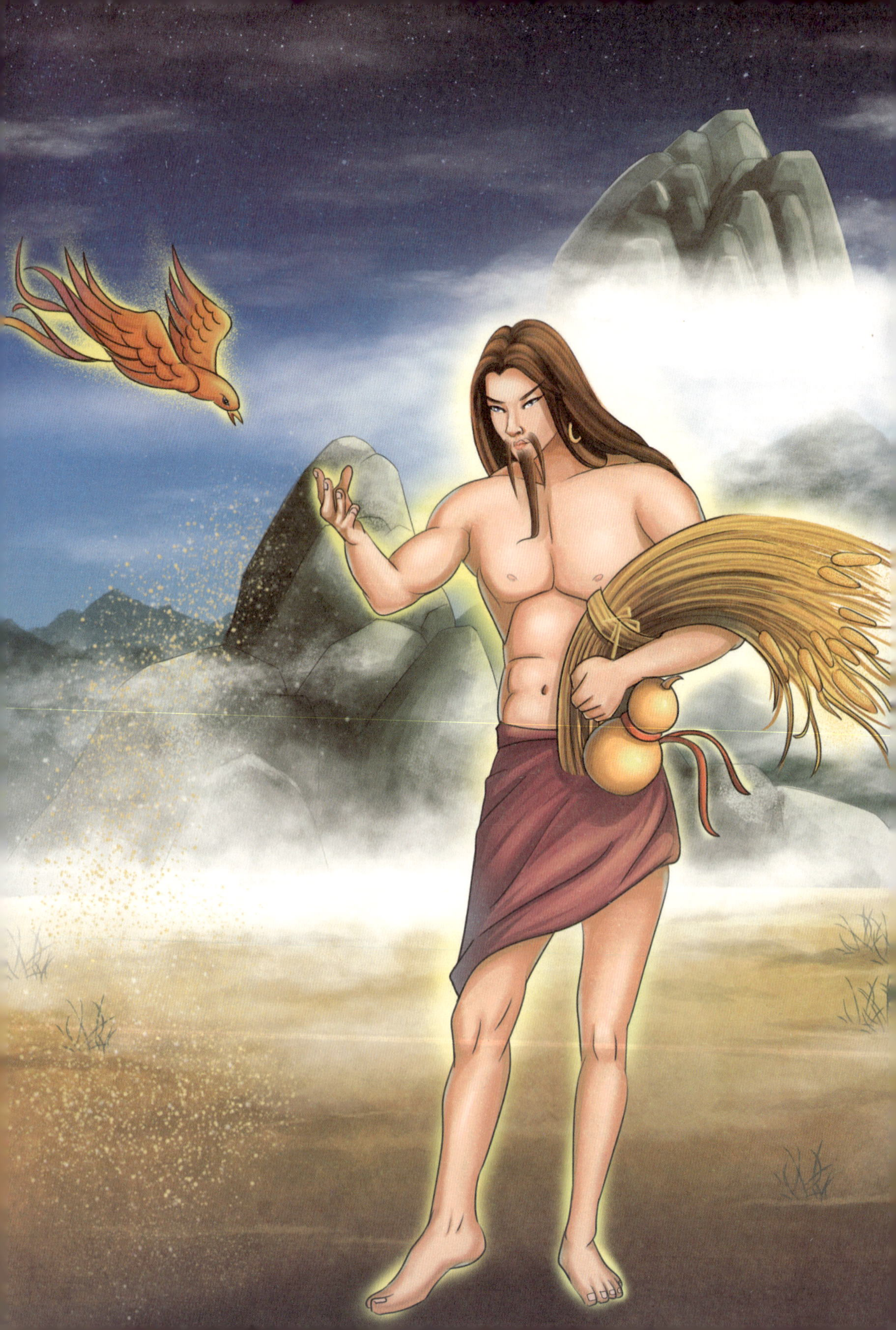

种子传播到人间。

后稷的母亲有一天走在路上，走到一个巨人的脚印上，于是怀孕生下了他。众人认为他是个不祥的孩子，母亲也将他抛弃了三次。神奇的是，每次后稷都安然无恙。于是母亲不再抛弃他，还给他取名叫弃。

弃从小就喜欢农艺，遍尝百草，经历了重重磨难，为人类找到了大量的食物，后被尊称为"农业始祖"。民间流传着一首歌谣："神农后稷尝百草，不怕蛇咬狼挡道，死而复生不动摇，只为民众能吃饱……"

可是，后稷并不满足于此。在当时，人们为了找到能吃的植物，往往要走很远的路。这些植物为什么不能长在自己家门口呢？后稷经过仔细的观察和思考后，开始指导人们选育良种，有计划地进行农耕。

周围的人们一传十、十传百，都纷纷赶来听后稷教学。人们都夸后稷教他们种出的庄稼颗粒饱满、产量高。后稷教学的地方，就被称为"教稼台"。后稷还领导人们改进农具，开渠修堰，排水、灌溉，使庄稼越长越好。舜帝为了表彰他的功德，把广阔的有邰地赐给他。

海内东经

雷神

雷泽中有雷神,龙身而人头,鼓①其腹。在吴西。

译文

雷泽中有位雷神,长着龙的身体和人的脑袋,敲打他的肚子就会打雷。雷泽在吴地的西面。

注释

①鼓:敲打。

掌管雷电的神

雷神独自居住在雷泽里,他长着龙的身体和人的脑袋。

雷神一敲自己的肚子,天上就会响起轰隆隆的雷声,吵得人睡不着。雷神可不管这些,他不仅无聊的时候会敲自己的肚皮，要是他发起怒来，更是雷声轰鸣，弄得人们苦不堪言。

后来，黄帝和蚩尤打仗，蚩尤的手下有一群山精水怪，迷惑得黄帝的士兵们无法继续作战。

黄帝看在眼里，急在心上，听说雷神总是发出震耳欲聋的雷声，便派人取了雷神的一根骨头，做成鼓槌。因为夔发出的吼声跟雷声一样，黄帝又派人抓来夔，剥下它的皮做成一面鼓。

当黄帝用雷神的骨头敲响这面鼓时，方圆五百里都能听见声音。黄帝的军队在鼓声中士气大振，打败了蚩尤。

只可怜了失去一根骨头的雷神，根本不知道自己做错了什么。从此雷神再也不敢乱敲自己的肚皮了，一直老老实实地待在雷泽。

雷神后来娶了一位美丽温柔的姑娘做妻子，在妻子的影响下，他变得越来越亲近人类。而且他只在农节的时候打雷布雨，和妻子一起帮助人类，过着无忧无虑的生活。

海内北经

冰夷神

从极之渊,深三百仞(rèn)①,维冰夷恒都焉。冰夷人面,乘两龙。一曰忠极之渊。

译文

从极渊有三百仞的深度,只有冰夷神常常住在这里。冰夷神长着人的面孔,乘着两条龙。另一种说法认为从极渊叫作忠极渊。

注释

①仞:古代八尺为一仞。百仞形容极深或极高。

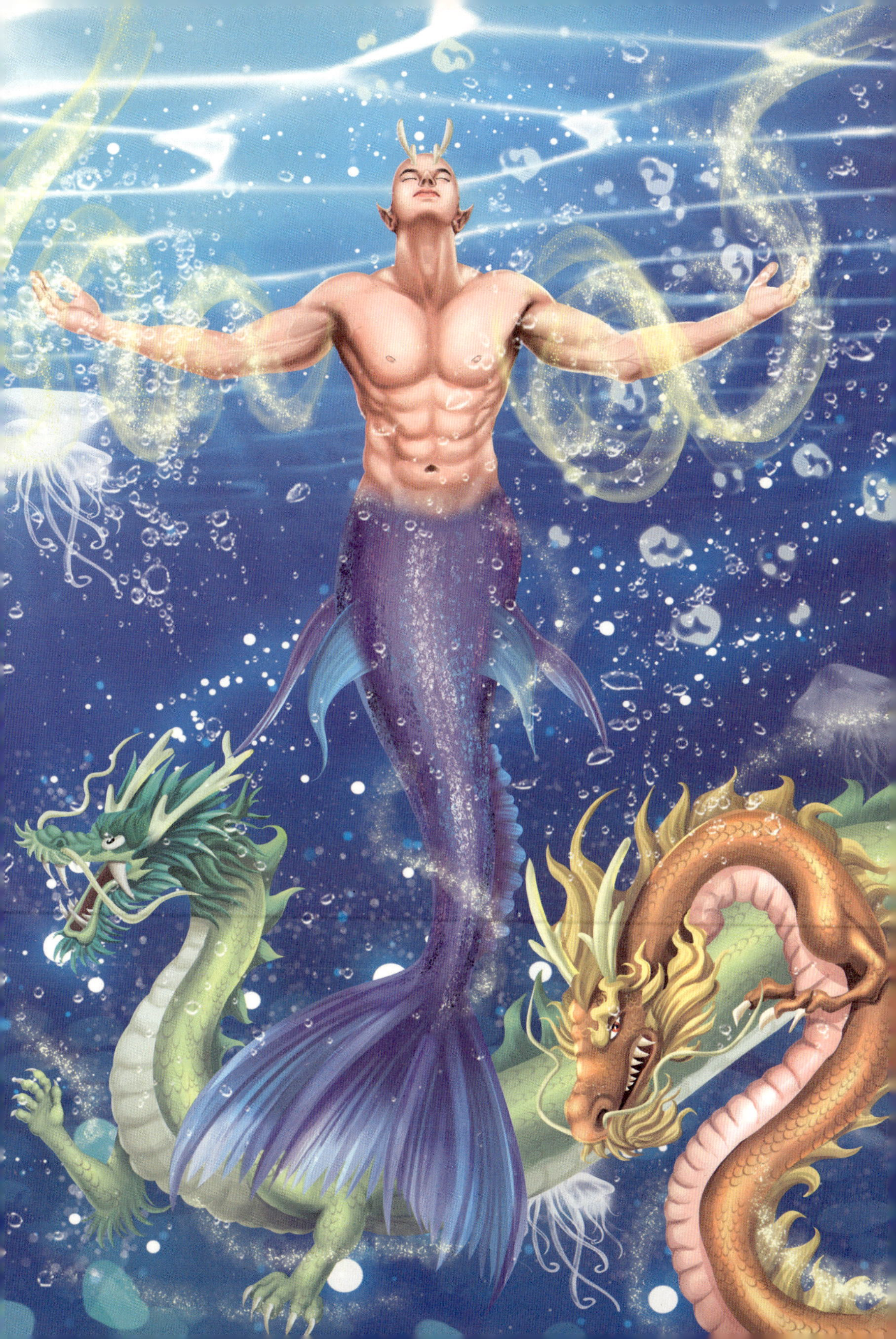

天的长子

相传很久很久以前，黄河里有一位河神，名叫冰夷。冰夷资格如此之老，以致他自称为"天之长子"，昆仑山上的诸神也都承认这一点，并且还尊称他为河伯。

据说，黄帝自命"天子"的时候，特意征求了冰夷的意见，在得到十二个美女之后，这位高贵的河神慷慨地同意了，他说："以后帝王可以称为天子，不过你们都要记住天的长子是谁。"从那以后，中原的帝王都要祭拜和供奉他们的这位兄长，后来就有了"真龙天子"一说。

冰夷平时都是英俊漂亮的小生模样，在水里巡游的时候，他的下半身会变成长着银色鳞片的鱼尾；当他飞起来的时候，他就化为雪亮的大龙；在夜间，他反射的月光足以照亮整座山。

海内北经

神女

舜妻登比氏生宵明、烛光，处河大泽，二女之灵能照此所方①百里。一曰登北氏。

译文

舜的妻子登比氏生育了宵明、烛光，她们都住在黄河边的大泽里，两位神女的灵光能够普照方圆百里的地方。还有一种说法认为舜的妻子叫登北氏。

注释

①方：方圆。

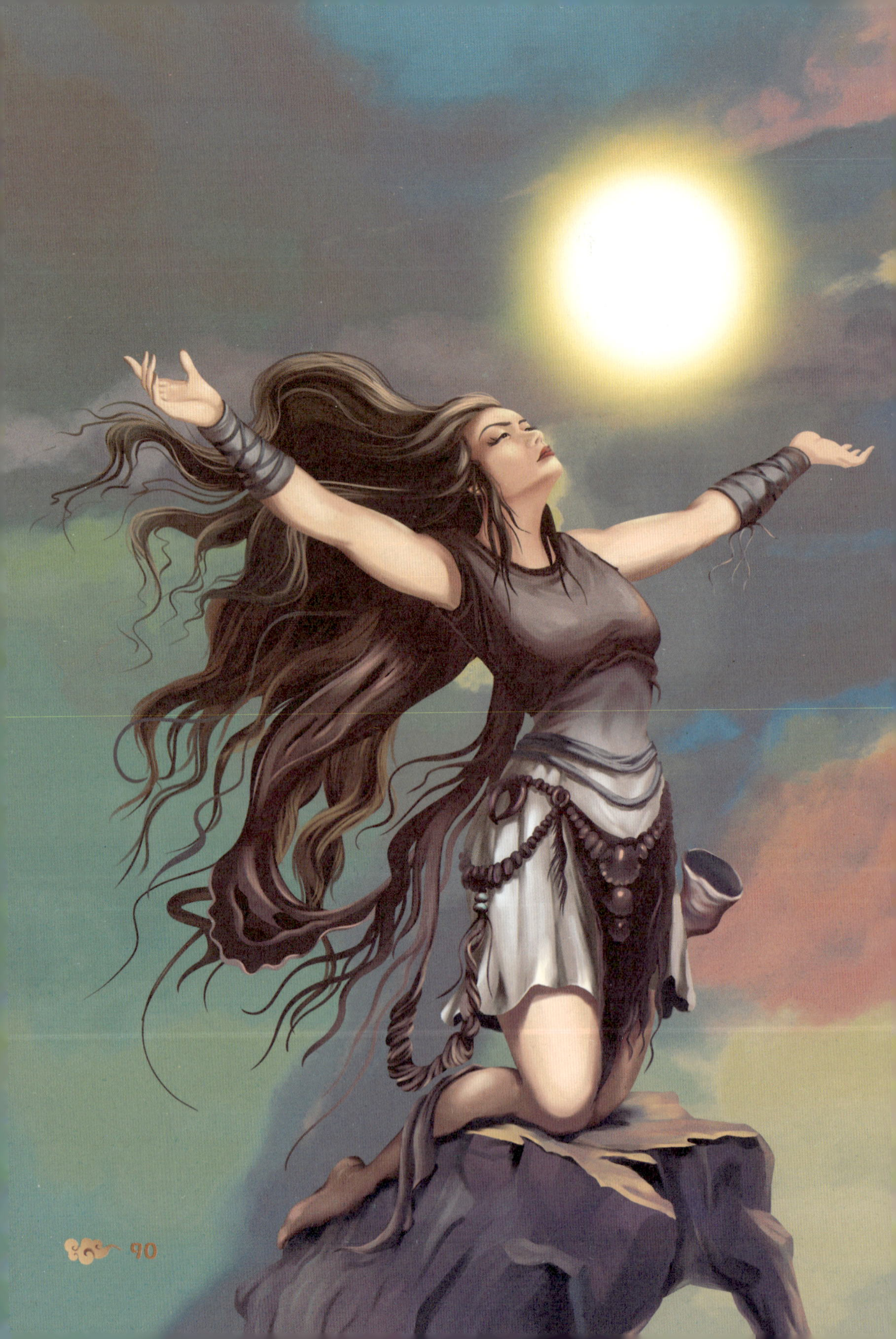

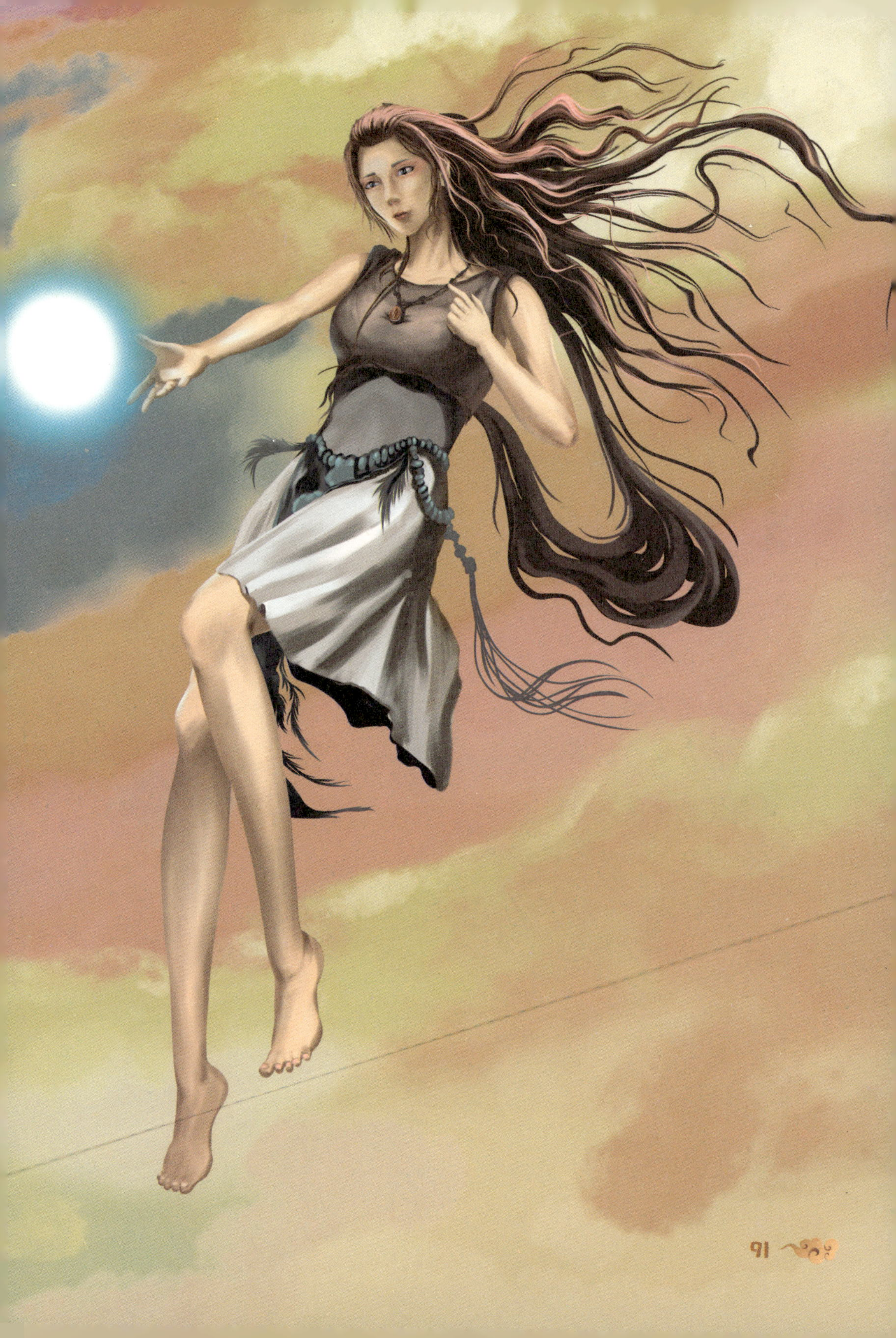

宵明烛光

舜帝除了娥皇和女英，还有另外一位妻子登比氏。登比氏为舜帝生了两个美丽的女儿——宵明、烛光。

宵明、烛光一出生便有日月神光：姐姐宵明发出的光像太阳一样，温暖明亮；妹妹烛光发出的光好似月亮，柔和皎洁。两人的性格也是一个热情似火，一个沉静如水。

两姐妹深受舜的喜爱，和母亲一起住在黄河边的大泽里。

两姐妹身上发出的光芒能照亮方圆百里的地方，在姐妹两人的光芒之下，这片大泽的水草丰美，有许多的鱼虾。这边的百姓受到她们的恩泽，过着富足的日子，都十分感谢她们。

> 神话篇

大荒东经

颛顼

东海之外大壑①，少昊之国。少昊孺（rú）②帝颛顼于此，弃其琴瑟。

译文

东海以外有一道非常大的沟壑，是少昊建国的地方。少昊就在这里将颛顼帝抚养成人，颛顼幼年操练过的琴瑟还丢在沟壑里。

注释

① 壑：山沟或大水坑。
② 孺：通"乳"，用乳汁喂养。引申为抚育、养育。

神秘的琴音

颛顼是白帝少昊的侄儿，少昊建立了鸟的王国。颛顼很小的时候，常常去少昊的国家玩。少昊为他制作了琴和瑟，供他玩耍。

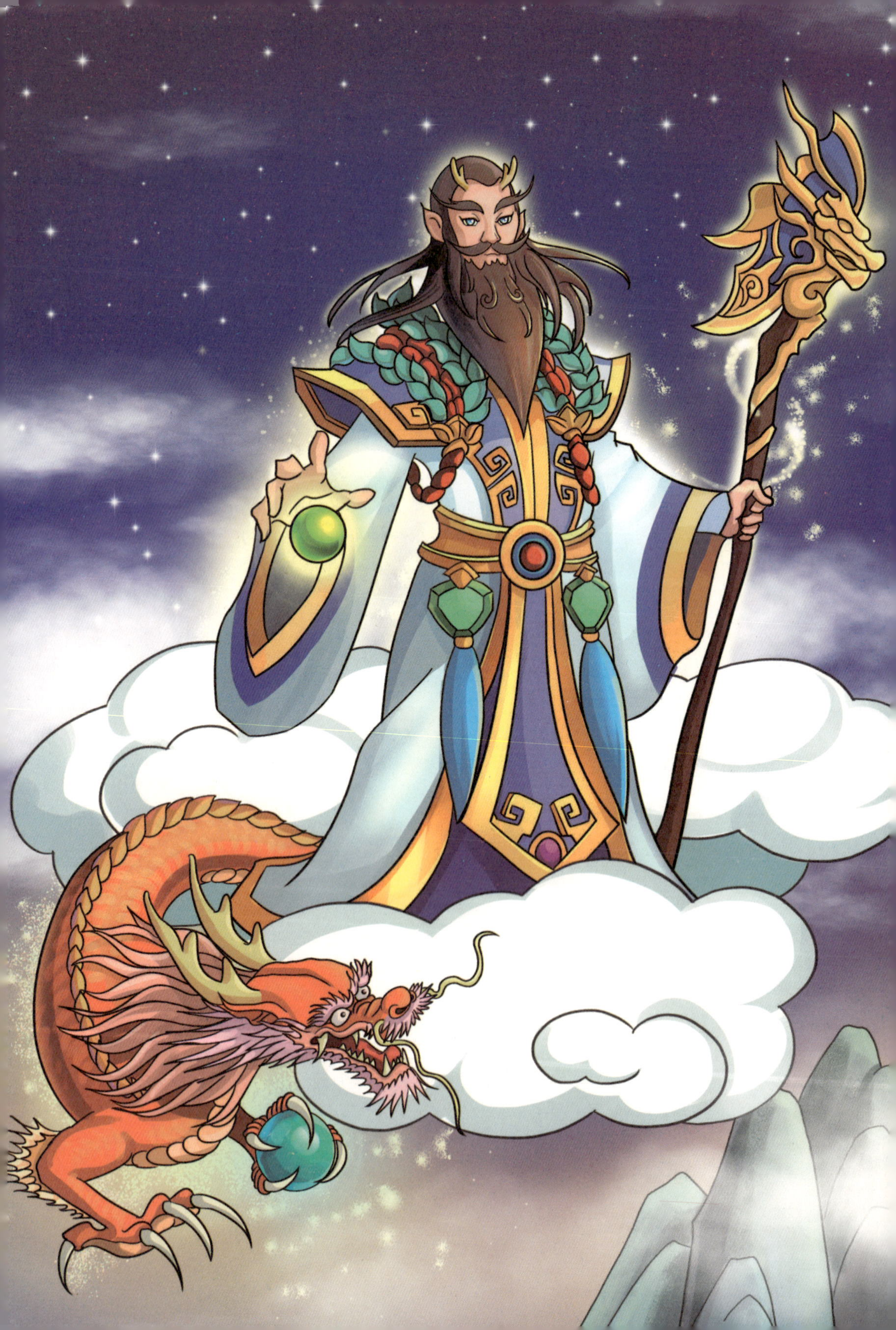

颛顼胡乱拨弄琴瑟，发出的声音很刺耳。擅长音律的少昊便亲自指导他，颛顼于是渐渐学会了弹琴。每当琴声响起，鸟雀们就会围绕着他翩翩起舞，满天都是彩色的羽毛。

后来颛顼长大成人，就回到自己的国家去了，留下了琴瑟。琴瑟没了用处，少昊就将它们丢在东海外的大壑之中。

传说每当夜静月明的时候，大壑深处就会传来悠扬悦耳的琴瑟之音，正是被丢弃的琴瑟发出来的。直到许多年以后，乘船过海的人路过那里，还能听见海波中这种神秘的音乐。

大荒东经

龙伯

有波谷山者，有大人之国。有大人之市，名曰大人之堂①。有一大人踆（cūn）②其上，张其两臂。

译文

有座波谷山，这山里有大人国。还有大人们做买卖的集市，名叫大人堂。有一个大人正蹲在山上，张开他的两只手臂。

注释

①大人之堂：一说是山名，一说是用于交易的堂屋。
②踆："蹲"的古字。

贪吃的龙伯

龙伯是龙的后代，住在波谷山上。他的身材非常高大，横躺下来，能占九亩地，手臂长且手掌大，长着一对招风耳，白色的长发披在肩上。龙伯走路很快，一步能迈五百里，还会腾云驾雾。

龙伯一直居住在海边，以鱼为食。他身量巨大，胃口也很大，只有鲸鱼这样的大鱼才能满足他的胃口。龙伯一顿要吃十几条鲸鱼才能填饱肚子。

有一天，龙伯突发奇想，走到了很远的东海捕鱼。他在海水里东摸摸、西摸摸，忽然抓到一个硬壳儿的东西。抓出来一看，原来是一只巨大的乌龟。龙伯又捞了一会儿，共抓到六只这样的巨龟。

巨龟向他求饶道："放了我们吧！放了我们吧！"

龙伯却道："我还没尝过龟肉的滋味呢。"

巨龟道："我们是背着仙山的神龟，你吃了我们，小心天帝怪罪！"

龙伯听了这话，火气也上来了。他道："我这就吃了你们，看看天帝会不会怪罪！"

说罢，龙伯就把巨龟拿回家炖了汤。

其实，这六只巨龟正是背负岱舆、员峤、方壶、瀛洲、蓬莱五座仙山的灵龟。失去了灵龟的背负，五座仙山中的岱舆、员峤顿时失去了支撑，漂流到了北极，沉入了海底。

天帝一怒之下，就把龙伯的身高缩小到了三丈，免得龙伯胃口上来，又乱吃了什么神兽。

大荒东经

中容

有中容之国。帝俊生中容，中容人食兽、木实①，使②四鸟：豹、虎、熊、罴③。

神话篇

译文

有一个国家叫中容国。帝俊生了中容,中容国的人以兽肉和树木的果实为食,会驱使四种野兽:豹、虎、熊和罴。

注释

① 木实:树木的果实。

② 使:驱使。

③ 罴:熊的一种。

长生不老药

　　中容是帝俊的儿子，传说中容出行时，有凤凰带领百鸟围着他翩翩起舞，还有野兽聚集在他身边。而中容经过的地方，百谷和果实都会丰收。

　　帝俊十分喜欢这个儿子，等中容长大后就让他去大荒之中建立起自己的国家，这就是中容国。

　　这个国家的人擅长狩猎和驯化动物，甚至能驱使豹、虎、熊和羆四种野兽。

　　在中容居住的地方，生长着一种叫赤木的神树。赤木的叶子也能吃，果实的滋味非常甜美。吃了赤木的果实和叶子，就能够长生不老。中容国的人个个都长生不老，正是因为有这种神奇的树。

　　这不正是人们梦寐以求的长生不老药吗？

　　传说秦始皇曾经派人寻找长生不老的仙药，听说中容国里长着赤木这种神树时，就重金悬赏，命人将赤木的果实带回。

　　许多人为了赏金，跋山涉水地前往中容国。可是谁也没能找到这个神奇的国度。

　　也许是中容在冥冥中守护着这个国家吧！

大荒东经

帝俊

有五采①之鸟,相乡②弃沙③。惟帝俊下友④。帝下两坛,采鸟是司⑤。

译文

有一群长着五彩羽毛的鸟,它们相对而舞,帝俊从天上下来和它们交朋友。帝俊在下界的两座祭坛,由这群五彩鸟掌管着。

注释

①五采:色彩斑斓。

②相乡:相对。乡,通"向"。

③弃沙:盘旋舞动的样子。

④下友:从天上下来和它们交朋友。

⑤司:管理。

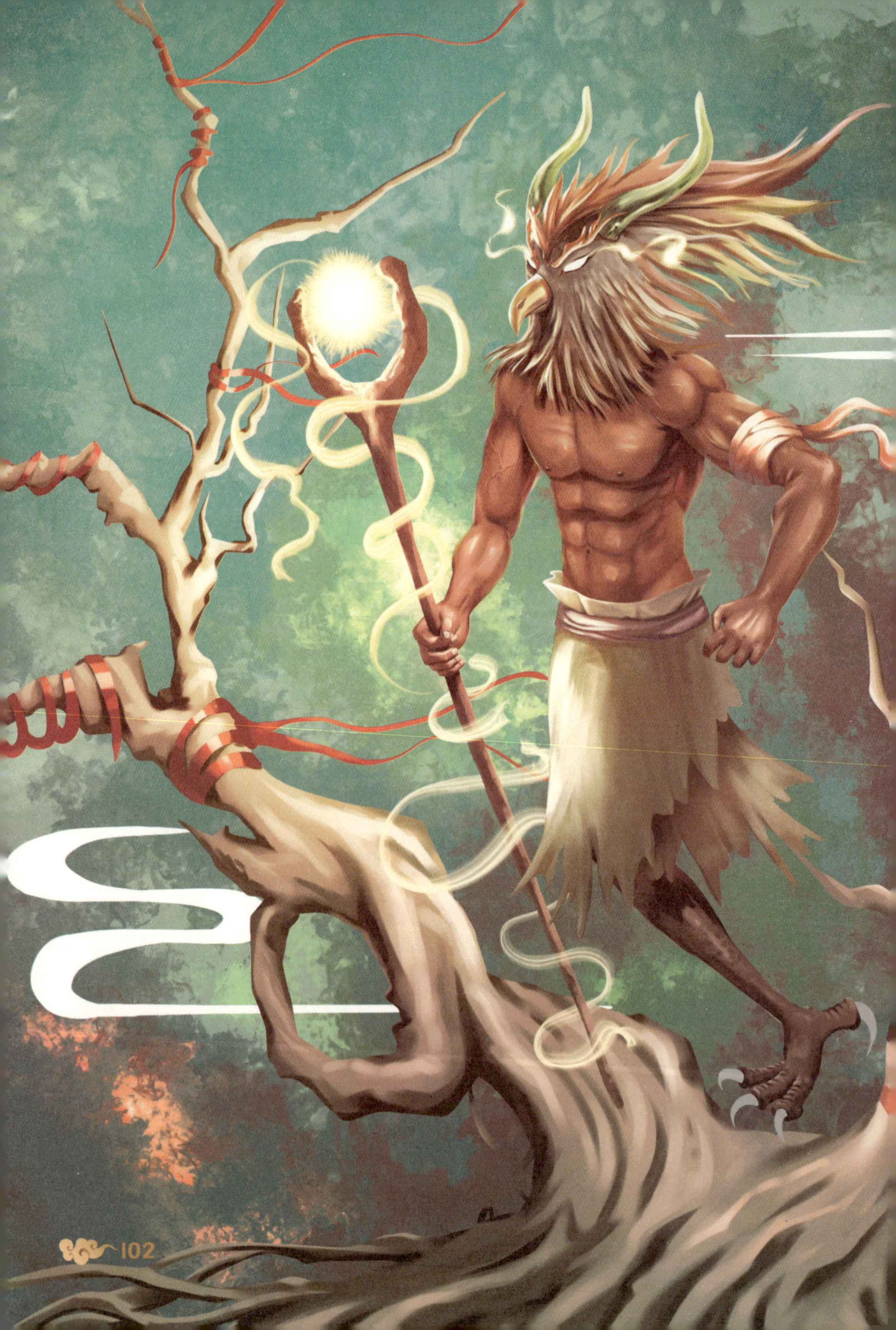

103

和鸟做朋友的天帝

帝俊长着鸟的脑袋，头上有两只角，身体像猿猴，只有一只脚。他手里拿着拐杖，走起路来一瘸一拐的。他有三位美丽的妻子，分别是太阳女神羲和、月亮女神常曦，还有一个是娥皇。

帝俊是掌管一切的天帝，拥有至高无上的权力，可他却常常飞到东方的荒野里，寻找他的朋友五彩鸟。

五彩鸟的首领是凤凰，它的头上有"德"字的花纹，翅膀上有"义"字的花纹，背部有"礼"字的花纹，胸部有"仁"字的花纹，腹部有"信"字的花纹。传说凤凰一旦出现，就代表着帝王仁德，天下太平。

黄帝就曾经问他的大臣："凤凰长什么样？"古代的帝王们都希望五彩鸟能在自己的领土上出现，这说明上天认可自己的帝位。

帝俊在人间设了两座祭坛，让五彩鸟中的凤凰来为自己管理。他每次来到祭坛，五彩鸟就会围绕着他翩翩起舞。这说明帝俊是一位仁德的帝王。

后来，帝俊的妻子为他生下了十个太阳、十二个月亮及三身国的先祖。他的子孙后代们在中华大地上一代代繁衍着，生生不息。

神话篇

大荒东经

女丑

海内有两人,名曰女丑①。女丑有大蟹。

译文

海里有两个神,其中一个名叫女丑。女丑有一只听使唤的大螃蟹。

注释

① 女丑：女丑之尸,是一个女巫。

善良的女巫

女丑是古时有名的大巫,她神通广大,经常骑着一只独角龙鱼巡行天下。女丑还有一只大蟹,这大蟹生长在北海,它的背脊有一千里宽,随时听候女丑差遣。

有一年,天上忽然出现了十个太阳。这十个太阳暴虐成性,在天上乱跑,晒得大地干裂,万物枯死。人们

106

107

痛苦不堪，便向大巫女丑祈求帮助。

女丑道："这十个太阳的威力，不是我能够抵挡的。"

人们哭泣道："难道您就眼睁睁看着我们被晒死吗？"

善良的女丑抵不过人们的苦苦哀求，只好同意了。她换上青色的衣服，打扮成旱魃的模样，独自来到山上。她对着天空跳起祈雨的舞蹈，等待雨水降临。

可是一个时辰过去了，两个时辰过去了，十个太阳仍挂在天上，放出万丈光芒，一丝云彩都看不见。

女丑已经汗如雨下，嘴唇也干得起皮，可想到山下等待的人们，她又鼓起劲来，继续跳着祈雨舞。

太阳觉得受到了挑衅，于是发出了更强烈的光。女丑跳着跳着，忽然举起右手，用她那宽大的袖袍遮住自己的头和脸，就一动不动了。

人们在山下等了很久，看见女丑一直保持着那样的姿势不动，觉得奇怪。等人们赶到山上，才发现她已经被十个太阳晒死了。

女丑的尸体没有被搬离山顶，终年保持着掩面的姿势，等待着十个太阳离开。

大荒东经

应龙

大荒东北隅中,有山名曰凶犁土丘。应龙处南极①,杀蚩尤与夸父②,不得复上③。故下④数旱,旱而为应龙之状,乃得大雨。

译文

在大荒东北角的地方,有一座山叫作凶犁土丘。应龙居住在山的南端,因其曾杀死了蚩尤与夸父,所以不能再返回天庭。天上没有了兴云作雨之神,下界旱灾连年。于是每逢大旱之时,人们便装扮成应龙的样子,以此求得雨水。

注释

①南极:有些注释直译为南极,此处结合上句意思,应是凶犁土丘的南端。

②杀蚩尤与夸父:《山海经校注》(袁珂校注)云:"盖夸父与蚩尤同为炎帝之裔,在黄炎斗争中,蚩尤起兵为炎帝复仇,夸父亦加入蚩尤战团。"

③复上:回归天庭,实际应指远离了统治者。

④下:此处指凡界、下界。

骁勇善战的神龙

应龙背生双翅，头大且长，四肢强壮。他是黄帝最忠实的属下，跟随着黄帝到处征战，立下了汗马功劳。

在黄帝和蚩尤大战时，应龙立下了大功，可他耗费了过多神力，再也无法飞上天空。应龙便来到南方，居住在山泽里。

应龙在南方过着悠闲的日子，与世无争。他天生有呼风唤雨的本领，来到南方后，这里就变得多雨湿润。同时，应龙也护佑着一方百姓，让他们过着平静的日子。

眨眼间，来到了大禹的时代。当时有一只怪兽叫巫支祁，它掀起滔天洪水，弄得生灵涂炭。大禹为了拯救苍生，决心抓住巫支祁，然而却始终不敌，便来请应龙帮忙。

听说大禹治水是为了天下百姓，应龙答应帮助大禹。他用龙尾在地面上一画，便开辟出了长江。随后他又生擒了巫支祁，让它无法继续为害人间。

应龙是当之无愧，骁勇善战的神龙。

大荒南经

因因乎

有神名曰因因乎——南方曰因乎,来风曰乎民——处南极以出入风①。

译文

南方有一位名叫因因乎的神,南方称他为因乎,夸风称他为乎民,因因乎在大地的最南端掌管风的出入。

注释

① 出入风:这里指掌管风的出入。

勤劳的风神

风神因因乎相貌奇特,头上长着两只角,有鹿一样的身体和蛇一样的尾巴,身上布满了豹子一样的花纹。他常年住在大地的南端,主要工作是指挥风起风停,配合雷神和雨神帮助万物生长。

因因乎用什么来控制风呢?原来他有一个风口袋,

在春天的时候，因因乎收紧袋口，让风轻轻柔柔地吹出来。要是夏风，就让风带上热量。秋天的风凉爽舒适。到了冬天，风呼呼地刮起来，寒气逼人。

有一首歌谣，就是说因因乎的："风神力气大无比，春风送暖百花开，夏风吹过大雨来，秋风吹起霜满地，冬风吹处雪皑皑。"

因因乎脾气暴躁，生气时会掀起铺天盖地的龙卷风。风过之处，房屋倒塌，庄稼也都遭了殃。所以，人们常常拜祭因因乎，祈求他不要发脾气。

黄帝和蚩尤大战的时候，因因乎是蚩尤大军中的一员。他和雨师一起施展法术，战场上狂风大作，使黄帝的军队迷失了方向，差点儿战败。黄帝于是命人制造了指南车，在作战时能够辨别方向，才终于取得了胜利。

后来黄帝降伏了因因乎，倒也没惩罚他，而是封他做了风神。因因乎侥幸留了一命，再也不敢作乱，老老实实地做起了风神。

在天帝出行时，雷神会冲在前面开路，雨师负责用水清洗尘埃，而因因乎则负责扫除路上的障碍，十分勤劳听话。

大荒南经

羲和

东南①海之外，甘水之间，有羲和之国②。有女子名曰羲和，方浴日③于甘渊④。羲和者，帝俊之妻，是生十日。

译文

在东海之外、甘水与东海之间，有个国家名叫羲和国。国中有一个女子，名叫羲和，她正在甘渊中给太阳洗澡。羲和，帝俊的妻子，她生了十个太阳。

注释

① 南：应为衍文。
② 羲和之国：羲和国，国名。
③ 浴日：当为"日浴"，给太阳洗澡。
④ 甘渊：渊名。

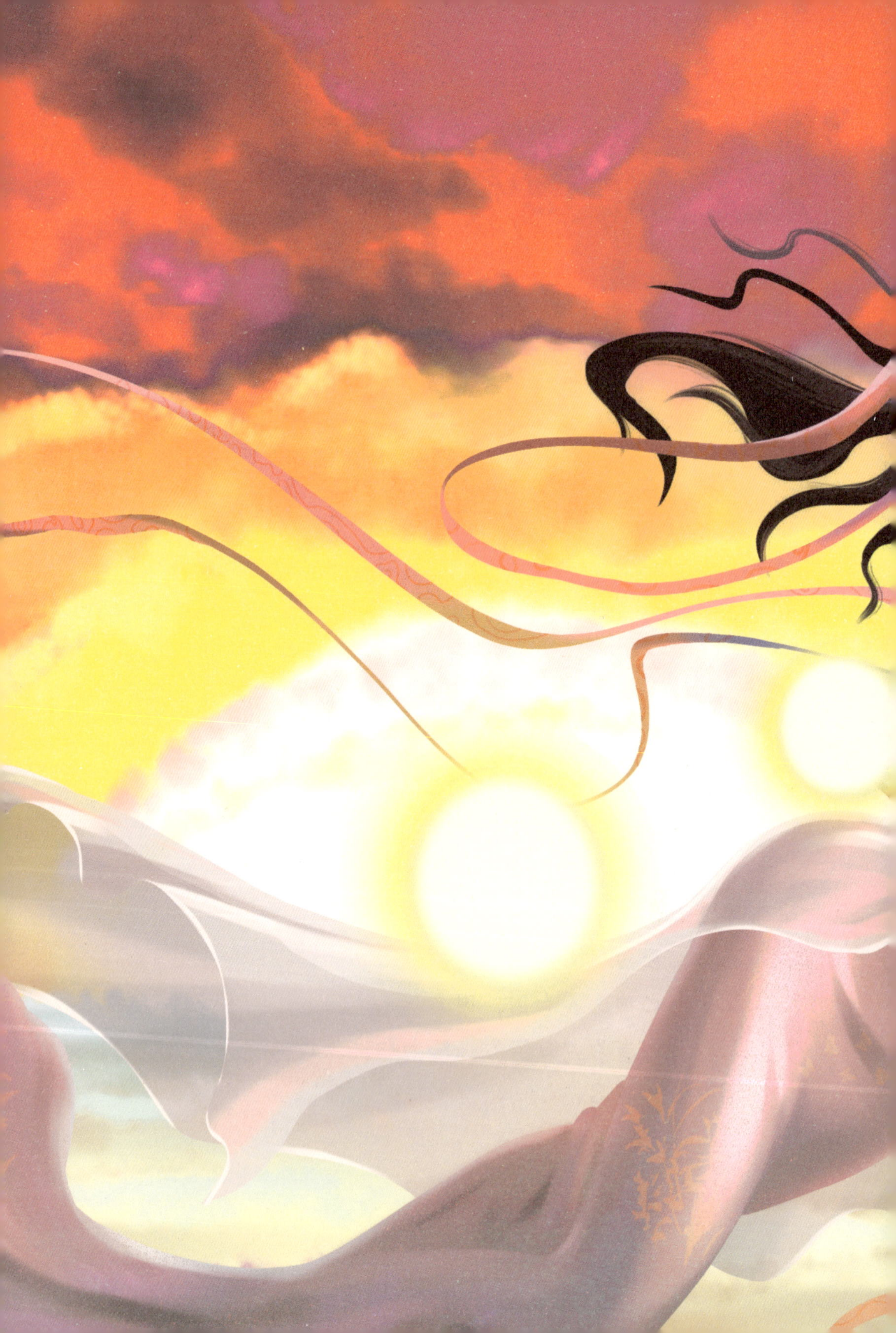

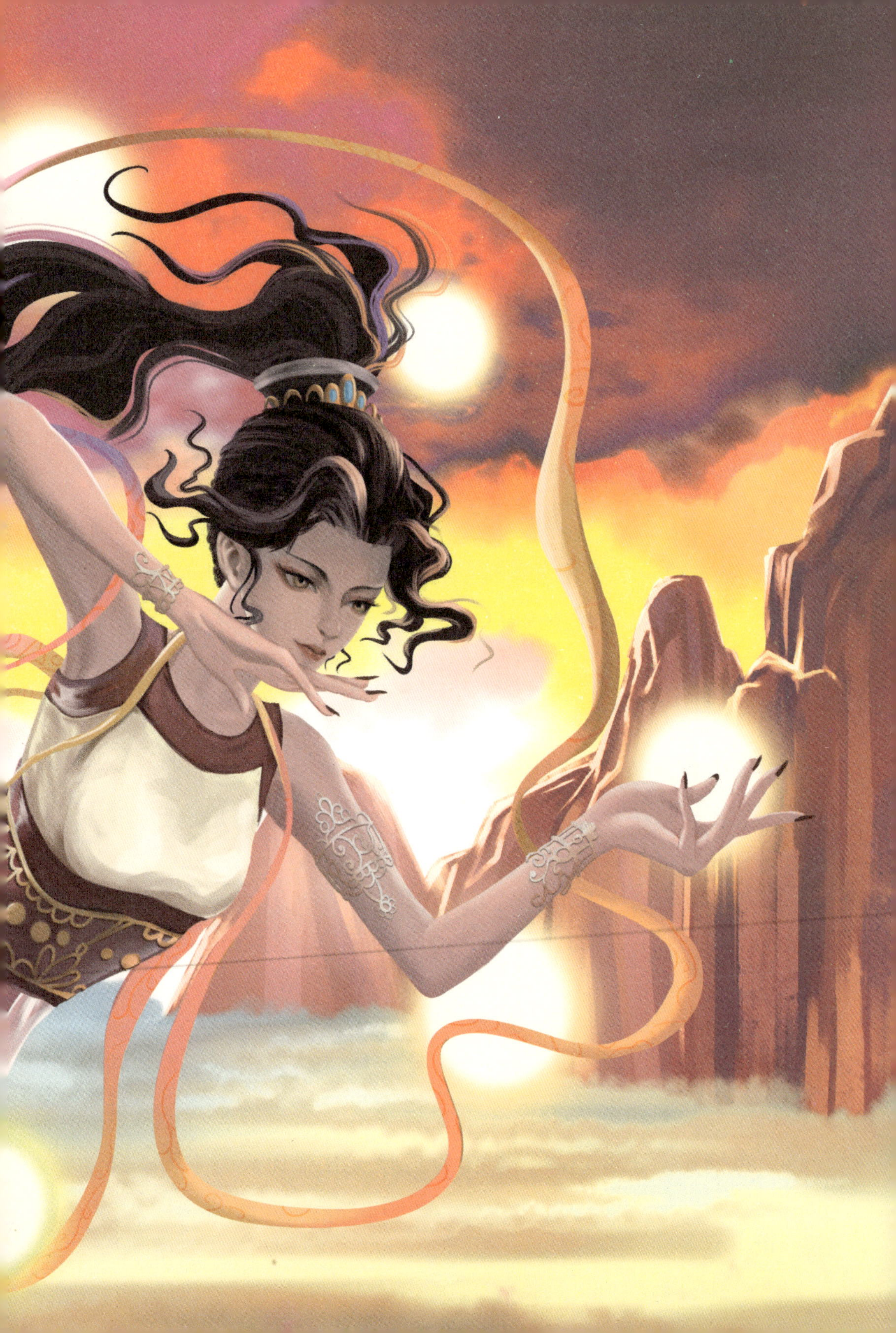

太阳的母亲

羲和是帝俊的妻子，她和帝俊生了十个孩子，这些孩子正是天上的十个太阳。

羲和安排十个太阳每天轮流在天上巡游值班。一个太阳回来了，另一个太阳才出去，所以人们每次只能看见一个太阳。羲和十分疼爱自己的孩子们，每次都要亲自驾着六条龙拉着的太阳车护送他们。每天等太阳们回来后，羲和就在汤谷给他们洗澡。因为太阳的温度太高了，汤谷的水常年都是沸腾的，普通的树木都被烫死了。

在沸腾的汤谷水里，有一棵大树叫扶桑，有万米多高。扶桑不怕热，十个太阳就住在扶桑树上。十个太阳每天轮流值班，兢兢业业地为人间带去光明和热量。可这样的日子过久了，十个孩子感到憋闷，他们开始反抗，不愿意事事都顺从母亲的安排。

有一天早上，趁着羲和不注意，十个太阳突然一窝蜂地跑了出去。十个太阳跑出去以后，也不按照原来的路线走，而是在天上乱窜。

十个太阳一起出现，导致大地炎热无比，草木和庄稼都枯死了。人们没有了食物和水，生病的生病，饿死的饿死，十分凄惨。善良的巫师女丑帮助人们求雨，结果也被十个太阳晒死了。帝俊发现他们的所作所为后，派后羿去惩罚他们。没想到后羿是个神箭手，一下就射死了九个太阳。帝俊连忙让后羿住手，才保住了最后一个太阳。

剩下的那一个太阳吓坏了，从此以后每天都老老实实地值班，再也不敢乱跑了。

大荒西经

昆吾

大荒之中，有龙山，日月所入。

有三泽水[①]，名曰三淖（nào），昆吾[②]之所食也。

译文

在最荒远之地中有座山，名叫龙山，这里是日月降落后进入的地方。

有三个连在一起的大沼泽，名叫三淖，这里是昆吾人获取食

注释

① 三泽水：三个连在一起的沼泽。

② 昆吾：昆吾人。

发明陶瓷的人

颛顼的曾孙陆终，生下了长子樊，又名昆吾。

在那个时代，人们结束了茹毛饮血的日子，学会了使用火来烤熟食物。人们将打回来的猎物穿在树枝上烤

着吃，或者直接用手抓着吃，吃不完的食物就随便堆放在地上。收集回来的粮食和果实也是东一堆西一堆地放着。

有人用树枝编织筐子来盛放东西，可是筐子的缝隙大，粮食和水都会漏出来。也有人用泥巴捏成容器，可是泥巴做的容器没多久就裂开了，盛水还会化掉。

昆吾从小就聪明能干，他一直想找出个好办法来解决这个问题。有一天，昆吾从熄灭的火堆里捡到一块被烤过的泥巴。他发现泥巴被烤过后变得十分坚硬，放在水里也不会变软。昆吾想：被火烤过的泥巴能变硬，如果把泥做的罐子用火烤，是不是也会变得坚固呢？

昆吾说干就干。他找来一大堆泥巴，捏成罐子，然后将罐子放进火堆里烤。可是没一会儿，罐子就裂开了。昆吾尝试了很多次，都没能成功。

大家都嘲笑昆吾异想天开。可昆吾并不泄气，他重新制作了罐子，并且一点点改进泥巴的黏度和湿度。在不知道多少次的尝试后，昆吾终于成功了。

他烤出来的罐子十分坚硬，盛水也不会化，可以用来存放食物和水，十分方便。人们看到后都啧啧称奇，争相请昆吾帮自己也烤几个罐子。

后来，昆吾制作出的陶器越来越精美，还发明了一次能烤几十个罐子的炉子。昆吾也因此被后人称为"陶器始祖"。

大荒西经

女娲

有神十人，名曰女娲（wā）之肠[1]，化为神，处栗广之野，横道[2]而处。

译文

有十个神人，名叫女娲之肠，他们是女娲的肠子变化成的，在叫作栗广的原野上，他们就像肠子一样拦断道路而居住。

注释

[1] 女娲之肠：女娲的肠子。女娲，中国上古神话中的创世女神。又称娲皇、女阴，史记女娲氏，是华夏民族人文先始，是福佑社稷之正神。

[2] 横道：拦住道路。

121

人类之母女娲

在开天辟地之初，世界上是没有人类的。大神女娲行走于世间，只能与日月星辰、草木花鸟为伴。渐渐地，女娲觉得有些孤单，她看到别的动物都是成群结队的，就想：为什么不能造一些生灵来陪伴自己呢？

女娲挖了一大堆黄色的泥巴，对着水面，按照自己的模样捏了起来，不一会儿就捏出一个精致的小泥人。她朝着小泥人吹了口气，小泥人便有了生命，活蹦乱跳起来。女娲创造了许许多多的小泥人，称他们为"人"。

人类在大地上自由自在地生活着，繁衍着。

谁料水神共工和火神祝融打架，一怒之下撞倒了天地之间的支柱不周山。霎时间，天塌地陷，洪水从地底下喷涌而出，龙毒猛兽也出来吞食人类。

女娲不忍见自己的子民受苦，就取来五色石补天，又斩下一只大鳌的四脚当作柱子，把倒塌的半边天重新支撑起来。最后她又杀了残害人类的毒蛇猛兽。女娲为她心爱的子民们做完这一切后，精疲力竭，沉沉睡去后再也没有醒来。

传说她的肠子化作十位神，居住在叫作栗广的原野上，这十位神被称为"女娲之肠"。

大荒西经

太子长琴

祝融生太子长琴[①],是处榣山,始[②]作乐风。

译文

祝融生的太子长琴,住在榣山上,是最初创作乐曲的人。

注释

① 太子长琴:颛顼后代祝融的儿子。
② 始:最初。

发明音乐的神

太子长琴是火神祝融的儿子。传说他出生时,怀里抱着一把小琴,祝融便给儿子取名为太子长琴。

太子长琴从小就喜欢音乐,他常常抱着自己的小琴坐在山坡上,每当他拨动琴弦,百鸟就会围绕着他发出

124

神话篇

悦耳的鸣叫声。而山上的走兽也会围拢驻足，发出愉快的叫声。

连寓意吉祥的五彩鸟，也会为太子长琴的琴声倾倒，降临到他居住的榣山上。因此，榣山年年都风调雨顺，草木繁茂。住在山下的百姓们也过着太平安乐的日子，大家都十分感激太子长琴的庇护。

太子长琴常年隐居在山林里，与世无争。可是当战争来临，他也能够英勇杀敌。

太子长琴以琴为武器，他的琴有五十根弦，每多弹动一根，威力就增加一倍。当五十根琴弦齐奏时，能让天地变色，万物凋零。

在战场上，太子长琴弹奏起慷慨激昂的旋律，士兵们顿时士气大振，奋勇杀敌。

战争结束后，太子长琴拒绝了天帝的封赏，仍旧回到榣山过着悠闲自在的生活。

太子长琴以飞禽走兽的鸣叫声为灵感，创作了许多动人的音乐。他将这些乐曲教给百姓们，乐曲在民间广为流传。

大荒西经

黄帝

有轩辕之台,射者不敢西向,畏①轩辕之台。

译文

有座轩辕台,射箭的人都不敢向着西方射,因为他们敬畏黄帝的威灵。

注释

①畏:敬畏。

黄帝的故事

远古时代,炎帝神农氏管治的后期,蚩尤作乱。黄帝带领自己的部族,帮助炎帝打败了蚩尤,统一了各部落,建立了轩辕国。

在黄帝的统治下,轩辕国的人们过着平安快乐的生活。相传,到了黄帝晚年时,他发明了鼎。

128

当第一个鼎被铸造出来时，天上突然飞下来一条龙，这条龙浑身冒着金光，威风凛凛，盘旋在鼎的上方。

黄帝和大臣们都很吃惊。只见那条龙慢慢靠近黄帝，开口说道："你统一国家，仁政爱民，天帝特地派遣我来带你上天去觐见天帝。"

黄帝听罢，就跨上了龙背。

大臣们见状，连忙说道："请让我们追随您一起去吧！"

大臣们说完一拥而上，都想要爬上龙背，跟黄帝一起上天。可那条龙却一甩尾巴，将那些大臣都摔了下来。

群臣没有办法，只好眼睁睁地看着黄帝骑在龙背上腾空而起，不一会儿就消失在云雾中了。

一位大臣看着天空，感慨道："看来只有像黄帝那样伟大的人，才能乘龙飞天啊！"

大荒西经

常羲

帝俊妻常羲，生月十二，此始浴之。

译文

帝俊的妻子常羲，生了十二个月亮，这才开始给月亮洗澡。

月亮洗澡的地方

帝俊的妻子常羲，为帝俊生下了十二个女儿，她们正是传说中的十二个月亮。这十二个女儿长得一模一样，个个都生着圆润美丽的脸庞，浑身散发着柔和的光芒。

在远古时期，人们每到晚上就只能生活在黑暗中，生活十分不便。而野兽也会趁着黑暗，伤害人们。

十二个姑娘看见这种情景，便在夜里轮流升上夜空，为人们驱走黑暗，带去光明。常羲每天都亲自驾着由九只凤凰拉着的月亮车，带着女儿在天空中巡游。

在天空中巡游十分辛苦，所以每次归来，常羲就会带着女儿去原野里的一个泉中沐浴，洗去尘埃和疲倦。

爱美的月亮姑娘泡在水里，将自己的脸洗得格外干净，等到她们回到天空时，人们就会发现当夜的月亮格外明亮。而且月亮姑娘喜欢打扮，每次都穿不一样的衣服，所以每晚的月亮看上去都不一样。

月亮们洗澡的地方叫月亮泉，这里的泉水波光粼粼，散发着银色的光芒，舀一碗回去放在卧室里，会散发出柔和的月光。月亮泉位置隐秘，传说是在大荒西边。

大荒西经

鱼妇

有鱼偏枯①，名曰鱼妇，颛顼②死即复苏。风道北来，天乃大水泉，蛇乃化为鱼，是为鱼妇。颛顼死即复苏。

译文

有一种一侧身体瘫痪的鱼，名叫鱼妇，颛顼死后就立即复苏（不再瘫痪）。大风从北方吹来，天上便下起像泉涌一样大的雨，蛇在这时变为了鱼，这就是鱼妇。颛顼死后就立即复苏。

注释

①偏枯：偏瘫。

②颛顼：号高阳氏。据《史记》记载，颛顼为黄帝之孙，昌意之子，生于若水，居于帝丘。但《山海经·海内经》对此又有不同的记载，认为颛顼是黄帝曾孙、昌意之孙，并说颛顼之父为韩流。

半人半鱼的颛顼

颛顼死后,被埋葬在务隅山的南面。务隅山中有虎、熊等许多野兽,人们常常结伴到这里来打猎。有一天,几个村民背着弓箭在山中寻找猎物。忽然,一阵北风吹来,天上便下起像泉涌一样大的雨,不一会儿就形成一汪水潭。又见从四面八方游来许多条蛇,它们一游到水潭里,就变成了一条条大鱼。

这几个村民感到很吃惊,都来围观这奇妙的景象。

只见不一会儿,又有十几条小蛇蹿出来,这时,一团火光出现在水潭上方,不断盘旋着。

在这十几条小蛇游进水潭的那一刻,火光贴近了小蛇。水潭里出现了十几只半边是人、半边是鱼的奇怪生物。

村民们吓得两腿发软,转身向山下飞奔,一直跑到山脚,才敢回头。回到村里,村民们找到巫师。巫师告诉他们:"颛顼死后附在鱼身上复活了,你们见到的东西就是它,也叫鱼妇。"

村民们问:"那它是好的还是坏的?"

巫师道:"鱼妇一般不伤人,但是饿久了也会吃人。"

村民们闻言,都吓出了一身冷汗。

134

神话篇

大荒北经

强良

大荒之中，有山名曰北极天柜，海水北注①焉。有神，九首人面鸟身，名曰九凤。又有神，衔（xián）②蛇操③蛇，其状虎首人身，四蹄长肘，名曰强良。

译文

在大荒中，有座山名叫北极天柜，海水从北面灌注到这里。有一个神，他长着九个脑袋、人的面孔、鸟的身子，名叫九凤。又有一个神，他嘴里衔着蛇，手中握着蛇，长着老虎的脑袋、人的身体，有四只蹄子和长长的臂肘，名叫强良。

注释

① 注：灌注。

② 衔：用嘴含着。

③ 操：拿着。

137

九凤的惩罚

传说在北极天柜山上住着三位神人，分别是九凤、禺强和强良。强良长着人的身子，却有着老虎的脑袋和四个蹄子，他嘴里衔着蛇，手中还握着蛇。强良虽然模样可怕，却是个心地善良的神。

在北极天柜山附近有一个聂耳国。这个国家的人都长着又大又长的耳朵。聂耳国四面临海，常常有水怪和妖物从海里出来伤人，所以聂耳国里人人都养老虎防身。这些老虎很亲近聂耳国人，十分温顺。

可是有一天，这些老虎忽然变得狂躁不安，连主人的话都不听了。于是一位聂耳国人跋山涉水，找到强良，向他诉说了国人的遭遇。

强良一听，立刻来到聂耳国，却发现这里一片祥和，不像有妖怪作祟。同时，他还发现了自己的邻居九凤的毛。

当强良找到九凤询问原委时，九凤愤怒地说："聂耳国的人把北极天柜山上的树砍了很多，还胡乱射杀野兽。我这不过是小惩大戒！"

聂耳国的人知道是自己的恶行酿成的恶果后，都表示了真诚的忏悔，承诺以后再也不胡乱砍树和伤害生灵了。于是，九凤原谅了他们，老虎也像从前一样温顺了。

神话篇

海内经

嫘祖

黄帝居^①轩辕之丘,而娶于西陵之女,是为嫘(léi)祖。

译文 黄帝居住在轩辕山,娶了西陵国的女儿为妻,她就是嫘祖。

注释

① 居:居住。

嫘祖发明养蚕

古时候,丝绸象征着财富,也是人们制作衣服的重要原料。那么,是谁第一个发现这些长相古怪的小虫子居然有着大价值的呢?

传说很久很久以前,黄帝战胜蚩尤后建立了部落,黄帝领导人们种植五谷,通过打猎获得食物。而他的妻子嫘祖则带领妇女们制作衣服。嫘祖领着大家上山剥树

140

皮，织麻网，把捕获的野兽皮毛剥下，加工成衣服和帽子。

嫘祖心灵手巧，很快就让各部落的大小首领都穿上了衣服和鞋，戴上了帽子。可是做衣服的原材料太少了，部落里的大部分人都穿不上衣服。

眼看着寒冷的冬天就要来了，人们没有衣服御寒，很可能就熬不过去。嫘祖为此日夜忧愁，茶饭不思。

这一天，嫘祖领着女人们进山去，她在一棵树上发现了许多白色的小果子。这些果子呈椭圆形，长得雪白雪白的，她以前从未见过这种果子。

嫘祖摘下一颗果子放进嘴里，下一秒就吐了出来。这果子外层咬起来像棉花，一点儿也不好吃。嫘祖仔细地把果子外层的白皮剥下来，可是一撕外皮就扯到了一根细细的线。

嫘祖便把果子的外皮一点点地扯下来，缠在一根木棒上，最后得到了一小卷细线。嫘祖是个非常聪明的女人，她盯着这一小卷线研究了很久，忽然高兴地说："这不是果子，不能吃，却有大用途！"

嫘祖请求黄帝下令保护山上所有的桑树林，并带领女人们收集蚕茧。后来还发明了养蚕抽丝的方法，开启了栽桑养蚕的历史。

感念于嫘祖的功绩，后世都尊称她为"先蚕娘娘"。

海内经

素女

西南黑水之间，有都广之野，后稷葬①焉。其城方三百里，盖②天地之中，素女所出也。

译文

在西南黑水流经的地区，有个地方叫都广野，后稷就埋葬在这里。它的疆域方圆三百里，是天和地的中心，素女便出现在这里。

注释

① 葬：埋葬。
② 盖：由上往下覆，遮掩。

田螺姑娘

晋朝时，侯官县有一个孤儿叫谢端。他从小失去父母，邻居好心收养了他。

谢端诚实勤俭。在他十七八岁的时候，他不想再给

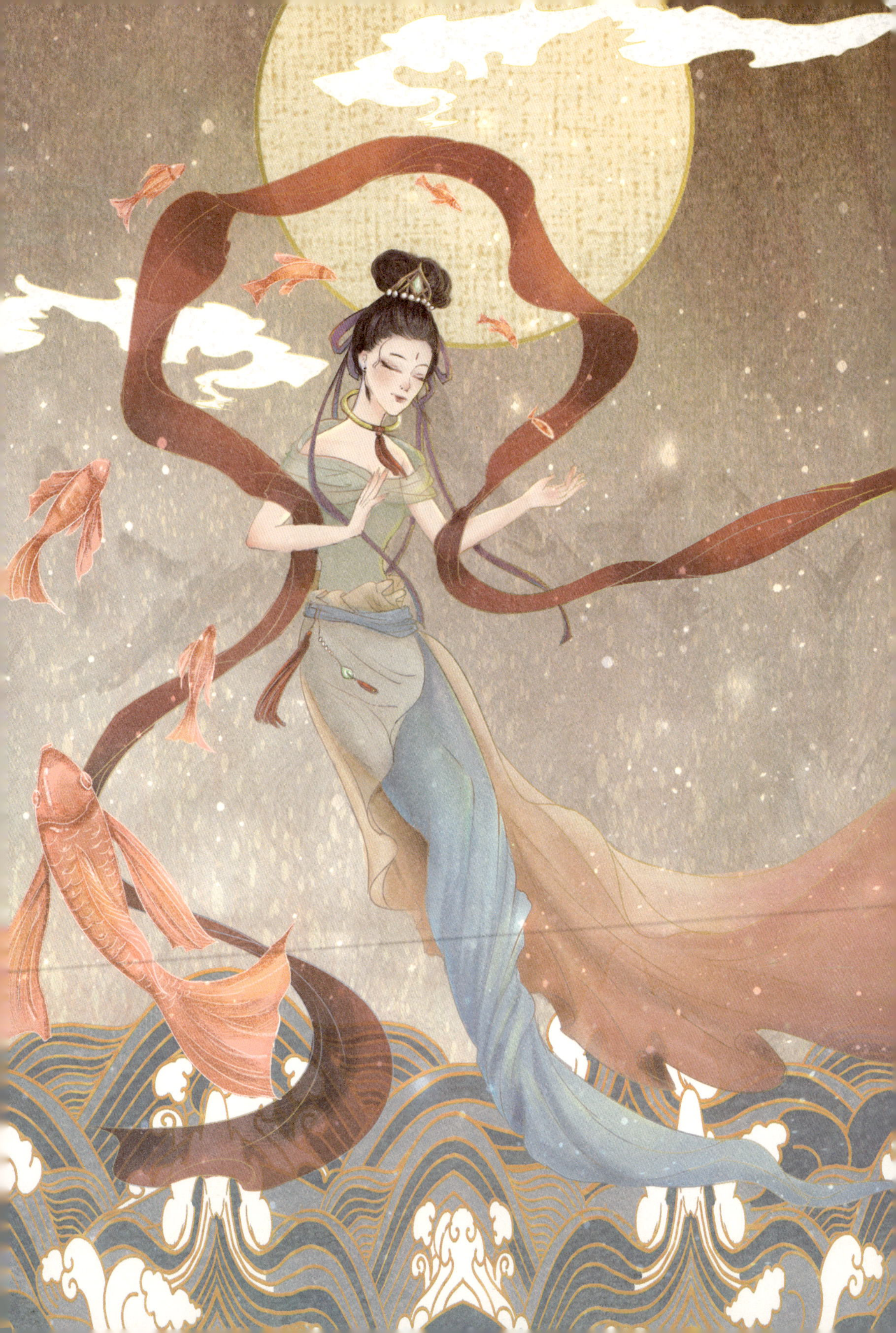

邻居添麻烦了，就在山边建了一所小房子，自己独立生活。因为生活穷困，他一直没能成婚。邻居们都很关心他，帮他说了几次媒，但都没有成功。

有一天，谢端像往常一样早上去田里干活儿。回家后，他看到炉子上有香喷喷的米饭，碗柜里有美味的鱼和蔬菜，茶壶里有开水。他想，一定是善良的邻居帮他做了饭。

没想到接连几天都是如此。谢端很过意不去，到邻居家里表示感谢。可邻居却说不是自己干的。

谢端越发好奇了，他决心要弄清楚事情的真相。

第二天一大早，谢端和往常一样早早地出了门。他在外头转了一圈，就偷偷跑回家门口，从门缝里注视着家里的一切。

过了一会儿，他看见一个漂亮的姑娘慢慢地从水缸里走了出来。谢端立刻推门而入，说道："你是谁？"

姑娘没想到此时谢端会出现，慌乱地想回到水缸里去，却被谢端拦住了。

姑娘别无选择，只好告诉他，自己是天上来的素女。王母见谢端为人善良勤快，于是派自己下凡来照顾他。

素女道："现在你撞破了我的身份，我必须回到天上去了。"

说罢，素女就消失不见了。

神话篇

海内经

鲧

黄帝生骆明，骆明生白马，白马是为鲧①。

译文 黄帝生了骆明，骆明生了白马，这白马就是鲧。

注释

① 鲧：相传是大禹的父亲。

盗息壤

传说在尧的时代，天下百姓信奉鬼神，因此不再经常向天帝祈祷。天帝为此感到十分愤怒，认为百姓不信正道，便降下了滔天的洪水惩罚他们。

洪水泛滥，淹没了整片大地。百姓们无处安生，流离失所，饿了只能吃树叶充饥，病了也没有办法医治，由此瘟疫开始流行。人世间一片凄惨。

天帝的孙子鲧看到了这一切，不禁生出恻隐之心。当鲧请求天帝开恩，把洪水收回时，遭受了严厉的斥责。

　　鲧决定自己去平息洪水，拯救大地上的百姓。在天上有一种神奇的泥土叫"息壤"，只要一点点就能长成高山大堤。可是息壤只有天帝能动用，由天兵天将日夜守护着。偷盗息壤可是大罪。

　　为了天下的百姓，鲧毅然决然偷走了息壤。鲧偷到息壤之后就来到人间，把息壤撒在洪水泛滥的大地上。之后神奇的一幕发生了：只见河流的两岸长出了长长的堤坝，挡住了洪水；土地重新铺展在人们的眼前，大地上又充满了勃勃生机。

　　很快，天帝就察觉了鲧偷息壤的事。震怒的天帝派火神祝融夺回息壤，并在羽山脚下将鲧杀死。人间再次洪水泛滥，人类再次沉浸在一片愁云惨淡之中。

　　整整三年过去了，鲧的尸体却一直没有腐烂。天帝就派天神去将鲧的尸体剖开，看看是不是真的不朽。天神拿宝刀将鲧的尸体剖开，这时从鲧的肚子里忽然飞出了一条虬龙。而鲧的尸体随即变成了一条黄龙，跳进了羽山旁的羽渊，从此消失不见了。

　　飞上天的那条龙就是禹。他继承了父亲的遗愿，平息了洪水，拯救了天下百姓。

147

海内经

番禺

帝俊生禺（yú）号，禺号生淫梁，淫梁生番（pān）禺，是始为舟①。番禺生奚仲，奚仲生吉光，吉光是始以木为车。

译文

帝俊生了禺号，禺号生了淫梁，淫梁生了番禺，番禺发明制造了船。番禺生了奚仲，奚仲生了吉光，吉光开始用木头制造车。

注释

①为舟：发明制造船。

船的发明者

很久很久以前，船还没有被发明出来。住在河边的人们生活非常不方便，他们没法到河里捕鱼，只能在岸边水浅的地方捕鱼。去河对岸探亲，通常要绕很远的路。

番禺从小就生活在长江的岸边。他从小就在想，如果人能在水里走路就好了，大江里的鱼捕都捕不完，人们的生活也会越来越好。他试过抱着树干漂浮在水面上，可风浪太大，江水太深，差点儿把他淹死。

母亲担心他的安危，劝说道："这太危险了，你还是别折腾了。"

可番禺没有放弃，他又尝试把粗树干挖空，自己坐在树干里，这一回，树干稳稳地漂浮在水上了！

番禺成功之后，常常划着独木舟在长江里打鱼，每次都能抓到许多鱼，家里的日子也越过越好。可番禺并不满足于此，他又开始琢磨：怎样才能把独木舟造得更大呢？

番禺放弃了粗树干，找来许多树枝捆在一起做成木筏。木筏漂浮在水上，比独木舟更平稳。一开始番禺用手划水，后来他找来两块长木板划水，发现这可以控制木筏的速度和方向，使木筏在江中漂流得既稳又快。

番禺将自己的发明展示给家人和邻居看，大家连连称赞。番禺又将制作木筏的方法教给大家，从此人们都能乘着木筏去江心里捕鱼了。除此之外，人们还能划船渡河，去远处走亲访友，生活方便多了。

海内经

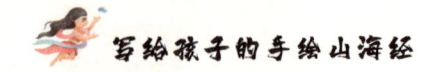

帝俊八子

帝俊有子八人，是始为歌舞①。

译文

帝俊有八个儿子，他们创造了舞蹈。

注释

①始为歌舞：创造歌舞。

创造歌舞的八个兄弟

晏龙是帝俊的儿子，他发明了琴，这是一种乐器，人们可以用它弹奏出动听的声音。晏龙还有七个兄弟，他们和晏龙一样，对声音非常敏感。他们看到晏龙发明出了琴之后非常开心，因为他们发明出了钟和磬，可以配合着琴一起表演。钟的声音非常洪亮，磬的声音非常清脆。晏龙和他的七个兄弟拿着琴、钟、磬，一路敲敲打打，三种乐器的声音此起彼伏，交织在一起，形成了一段美妙动听的乐曲，听到的人们也都非常喜欢。

八个兄弟看到大家都喜欢，他们更开心了，走起路来蹦蹦跳跳，嘴里咿咿呀呀地哼着各种动听的小调。他们越跳越开心，还现场配合着曲调编了词。周围的人们也被带动起来，气氛越来越热闹，最后周围的人干脆也都加入他们，一起蹦跳起来。

之后，兄弟八人回到家，却都感觉没有尽兴，于是就把刚才的蹦跳动作画出来，哼唱的词写出来。就这样，第一支舞蹈诞生了，第一首歌曲也诞生了。但是八个兄弟还觉得不够完美，于是他们白天想晚上练，终于创作出了风格不同的舞曲，有的欢乐，有的悲壮。

天上的神仙听到这样好听的声音之后，专门来到人间求教，好教给天上其他神仙。

后来，歌曲和舞蹈慢慢变成了人们表达情绪的方式。当人们开心的时候，人们会跳舞来表达喜悦之情；当有家人离世时，人们唱起悲伤的歌曲，来表达对先人的思念；当遇到重大的节日庆典时，歌舞也是一种活跃气氛的好方法。

渐渐地，舞蹈和歌曲成了人们日常生活的一部分，也演变出了更加丰富的种类。

神话篇

图书在版编目（CIP）数据

写给孩子的手绘山海经.神话篇 / 张芳主编. -- 长春：东北师范大学出版社，2022.10
ISBN 978-7-5681-9472-3

Ⅰ.①写… Ⅱ.①张… Ⅲ.①历史地理－中国－古代②《山海经》－儿童读物 Ⅳ.① K928.631-49

中国版本图书馆 CIP 数据核字 (2022) 第 182092 号

写给孩子的手绘山海经
XIEGEI HAIZI DE SHOUHUI SHANHAIJING

□主　　编：张芳	□策划编辑：张秋红
□责任编辑：张秋红	□责任印制：高鹰
□责任校对：魏昆	□总 策 划：小红帆
□封面设计：小红帆	□版式设计：小红帆

东北师范大学出版社出版发行
长春市净月经济开发区金宝街 118 号
邮政编码：130117
编辑电话：0431-84568021
邮购热线：0431-84568021
网址：http://www.nenup.com
河北赛文印刷有限公司制版
河北赛文印刷有限公司印装
涿州市刁窝镇泗平庄村平安路 8 号（072750）
2022 年 10 月第 1 版
2022 年 12 月第 1 次印刷
幅面尺寸：170mm×230mm
印张：40
字数：338 千字

如果发现印装质量问题，影响阅读，可直接与承印厂联系调换